Hardey · Kinder turnen mit Vergnügen

Evelyn B. Hardey

Kinder turnen mit Vergnügen

Ein Spiel- und Ideenbuch
für Kindergarten, Schule und Familie

Beltz Verlag · Weinheim und Basel

Neuausgestattete Sonderausgabe 1994 des Titels
»Hardey: Kinder turnen mit Vergnügen. Übungen und Spiele zur Körperschulung.«
Beltz Verlag, Reihe Beltz Praxis, ISBN 3-407-62009-8

Die Deutsche Bibliothek – CIP-Einheitsaufnahme

Hardey, Evelyn:
Kinder turnen mit Vergnügen : ein Spiel- und Ideenbuch für Kindergarten, Schule und Familie /
Evelyn B. Hardey. [Zeichn.: Norbert Primel]. – Neuausgestattete Sonderausg. –
Weinheim ; Basel : Beltz, 1994
  (Sonderedition Kindergarten)
  ISBN 3-407-21002-7

Alle Rechte, insbesondere das Recht der Vervielfältigung und Verbreitung sowie der Übersetzung, vorbehalten. Kein Teil des Werkes darf in irgendeiner Form (durch Photokopie, Mikrofilm oder ein anderes Verfahren) ohne schriftliche Genehmigung des Verlages reproduziert oder unter Verwendung elektronischer Systeme verarbeitet, vervielfältigt oder verbreitet werden.

Lektorat: Peter E. Kalb

© 1994 Beltz Verlag · Weinheim und Basel
Herstellung: Klaus Kaltenberg
Druck: Druckhaus Beltz, Hemsbach
Umschlaggestaltung: Atelier Adolf Bachmann, Reischach
Umschlagbild: Andreas Bachmann, Reischach
Zeichnungen: Norbert Primel
Printed in Germany

ISBN 3-407-21002-7

Inhaltsverzeichnis

Einführung 1
Wann soll geturnt werden? 4
Was sollen die Kinder anziehen? 4
Wo wird geturnt? 5
Turngeräte 5
Was kann man selbst bauen und basteln? 6
Mit oder ohne Musik? 9

Übungen, um Fußgelenke und Zehen zu lockern, Bänder und Fußmuskulatur zu kräftigen

    1. Zehen gucken sich an 11
    2. Fußspitzen auf und ab 11
    3. Fußstäbchen greifen 11
    4. Turnstab rollen 12
    5. Tip-Tip Fersen-Zehen 12
    6. Murmellöcher machen 12
    7. Füße auf — Füße zu 12
    8. Fersen hoch — Fersen weg 13
    9. Mit den Füßen klopfen 13
  10. Plätze tauschen 13
  11. Füße machen Kreise 13

Übungen, um Knie- und Hüftgelenke zu lockern, Unterschenkelmuskulatur zu kräftigen

  12. An den Zehen ziehen 14
  13. Alle Viere an den Stock 14
  14. Rechtes Bein, linkes Bein — alle beide 15
  15. Füße durchstecken 15
  16. Hasenloch 15
  17. Bein über die Keule 16
  18. Enten füttern 16
  19. Steh-auf-Männchen 16
  20. Mückenstich 17
  21. Rührkreise 17
  22. Kniebeugen im Kreis 17

Übungen, um Finger- und Handgelenke zu lockern, die Muskeln der Hände zu kräftigen

23. Fingerschnipsen 18
24. Telefonnummer wählen 18
25. Finger weg! 19
26. Falten — strecken 19
27. Luft greifen 19
28. Klavier spielen 19
29. Rücken massieren 20
30. Trocken wedeln 20

Übungen zur Lockerung von Ellbogen- und Schultergelenk, Kräftigung der Unter- und Oberarmmuskeln

31. Zipfelmütze 21
32. Fenster auf — Fenster zu 21
33. Wo ist mein Ohr? 21
34. Schlangenarme 22
35. Die Flasche geht 'rum 22
36. Spitzer Hut 22
37. Bitte — Bitte 23
38. Gummikette 23

Übungen zur Anregung bewußter und besserer Atmung

39. Luftballon 24
40. Schwimmtiere 24
41. Bohnen auf dem Bauch 25
42. Atmen richtig — Atmen falsch 25
43. Gehen und Atmen 25

Übungen zur Kräftigung der Rückenmuskulatur

44. Wer fühlt seine Wirbelsäule? 26
45. Bärenbabies 27
46. Powandern 27
47. Ellbogen an's Knie 27
48. Boden schrubben 28
49. Stock über'n Kopf 28
50. Nasenkegeln 28
51. Fersen fassen 29
52. Postpaket 29
53. Mitte-unten — Mitte-oben 29
54. Holzhackerschwung 30

Übungen zur Kräftigung der Bauchmuskulatur

55. Bauchmuskelfühler 31
56. Stern 1 31
57. Stern 2 32
58. Stern 3 32
59. Luftradfahren 32
60. Radfahren zu zweit 32
61. Sägewerk 33
62. Bauchschaukel 33
63. Aufrichten — Niederlegen 1 33
64. Aufrichten — Niederlegen 2 34
65. Nase an's Knie 34

Haltungserziehung und Balanceübungen

66. Stehspiel 35
67. Gehspiel 36
68. Spiegelbild 37
69. Bohnenbeutel auf dem Kopf 37
70. Auf Dosen gehen 38
71. Sandsacklaufen 38
72. Sandsäcke „vierbeinig" 39
73. Auf dem Ball stehen 39
74. Auf dem Ball gehen 39
75. Slalom 39
76. Zwillinge 40
77. Steg über'n Bach 40
78. Zeh in's Wasser 41

Raumergreifende Turnspiele ohne Geräte

79. Flugzeuge 42
80. Seehunde 42
81. Steine durch den Bach 43
82. Tunnel 43
83. Bockige Esel 43
84. Vogelnest 43
85. Igel und Hund 44
86. Bäumchen 44
87. Fuchs und Hasen 45
88. Eisenbahn 45
89. Klapperschlange 45

Raumergreifende Turnspiele mit Geräten

90.	Froschteich	47
91.	Maus im Käse	47
92.	Sonnenblumen	48
93.	Hund am Baum	48
94.	Durchsteigen	48
95.	Schritte und Sprünge	49
96.	Busfahren	49
97.	Tauziehen durch den Raum	49
98.	Tauziehen im Sitzen	49
99.	Über das Seil und darunter durch	49
100.	Hops — zwei — drei — zu!	50
101.	S auf Spitzen	50
102.	Rundlauf	50
103.	Balkenhüpfen vorwärts	50
104.	Balkenhüpfen am Platz	51
105.	Stabsprünge	51
106.	Rudern	52
107.	Matrosen	52
108.	Hängen und Heben	52
109.	Über den liegenden Turm	53
110.	Durch den liegenden Turm	53
111.	Fliegen	53
112.	Die Abenteuerstraße	54

Rhythmisches Vergnügen

113.	Klangholz und Tamburin	55
114.	Balken und Klanghölzer	55
115.	Klopfen im Kreis	55
116.	Hölzchen klopfen — Schritte machen 1	55
117.	Hölzchen klopfen — Schritte machen 2	56
118.	Hölzchen klopfen — Schritte machen 3	56
119.	Klatschen mit den Händen	56
120.	Rasseln	56

Zielen — Werfen — Fangen

121.	Beutel hin — Beutel her	58
122.	Bohnen in der Luft	58
123.	Bohnen in den Topf	58
124.	Mit den Füßen werfen	58
125.	Bohnen und Keulen	59
126.	Armringe	59

127. Ring im Ring	59
128. Ringe angeln	59
129. Ringe werfen und fangen	60
130. Bälle kullern 1	60
131. Bälle kullern 2	60
132. Bälle kullern 3	60
133. Fußball	61
134. Bälle tupfen	61
135. Bälle aufwärts werfen	61
136. Ball an die Wand	61
137. Ball von mir zu dir	62
138. Ball unten durch	62
139. Ball oben 'rüber	62
140. Ball über die Bank	62
141. Ballmusik	63
142. Ball am Bauch	63

Gesamtkörperübungen

143. Purzelbaum vorwärts	64
144. Purzelbaum rückwärts	64
145. Purzelbaum hin und her	64
146. Purzelbäume hintereinander	65
147. Purzelbäume mit Absprung	65
148. Bauchrutschbahn und Purzelbaum	65
149. Doppelpurzel	65
150. Kopfstand an der Wand	66
151. Purzelbaum und Kopfstand	66
152. Handstand an der Wand	66
153. Vom Kopfstand zum Handstand	67
154. Handstand an der Wand verkehrt	67
155. Kerze	67
156. Tischbrücke	68
157. Richtige Brücke	68
158. Brücke von oben	68
159. Radschlagen	68
160. Handstand und Überschlag	69

Vorführen 70

Nummer Eins — Kleine Artisten	71
Nummer Zwei — Elefanten mit Assistentin	71
Nummer Drei — Seehunde	72
Nummer Vier — Seiltanz	73

Nummer Fünf — Große Artisten 74
Nummer Sechs — Bär 74
Nummer Sieben — Schlangentänzerin 75
Nummer Acht — Clowns 76
Nummer Neun — Gewichtheber 77
Nummer Zehn — Gemischte Raubtiergruppe 78
Nummer Elf — Kunstreiter 80
Nummer Zwölf — Das Doppelpferd 81
Nummer Dreizehn — Pferde 82
Nummer Vierzehn — Sensationsfinale: Der chinesische Drache 83

Erste Hilfe 85

Einführung

Es ist die reine Wahrheit: Ein Kind kann nicht stillsitzen. Einem naturgegebenen Zwang folgend, tut es genau das, was für die Entwicklung seines Körpers notwendig ist, es bewegt sich.
Wachstum der Muskulatur, der Knochen und der Organe wird durch Bewegung stimuliert. Nutzung fördert den Aufbau und Stillegung hat Abbau zur Folge, das ist ein physiologisches Gesetz. Muskelgewebe ist offensichtlich am stärksten betroffen. Ein frisch ausgewickeltes Gipsbein mag als Beweis dafür gelten.
Obwohl das Längenwachstum der Knochen genetisch bedingt ist, wird doch die Qualität der Knochensubstanz durch Belastung und Forderung günstig beeinflußt. Auch Herz und Lungen werden durch Bewegung zu größerer Leistungsfähigkeit angeregt, da die arbeitenden Muskeln mehr Sauerstoff verlangen und die Gefäße den nötigen Transport davon beschleunigen.
Dadurch verbessert sich ebenfalls der Tonus der Haut, sie wird straff und elastisch. Schon im Aufheben des Kleinkindes ist für den Erwachsenen der Unterschied zwischen dem bewegungsgesättigten und dem nach Bewegung hungernden Kind spürbar.
Während das eine sich gefestigt anfühlt und dem Anheben der Arme mit einem erfreulichen Impuls quick reagierend folgen kann, empfindet man das bewegungsverkümmerte Kind als weichlich, schlapp und schwerer.
Freude für beide im ersten Fall, Mühe für beide im anderen. Und gerade Freude ist der große positive Verstärker bei der Erfüllung des Bewegungsdranges von Kindern.
Sie können nicht still sitzen und sie sollen es auch nicht. Günstige Beeinflussung und ausreichende Möglichkeit zu schaffen, diesen Drang zu befriedigen, sollte jeder Erwachsene, der mit Kindern zu tun hat, als wichtigen Faktor seines Aufgabenbereiches sehen. Es genügt einfach nicht, Kindern hin und wieder zu gewähren, sich „auszutoben". Toben ist Evidenz eines Staues im Bewegungsdrang. Ein Kind, welches kontinuierlich ausreichende Möglichkeit zur Bewegung hat, tobt nicht! Ein nach körperlicher Aktivität hungerndes Kind tobt. Danach fügt es sich wieder in die lange Phase des Stillsitzens.
Wer hier einen gesunden Ausgleich schaffen möchte, der sollte mit Kindern regelmäßig turnen.
Um jedem Kind dadurch den höchstmöglichen Grad an Fitness und Freude, am Erarbeiten davon zu geben, sind acht Faktoren im Zusammenspiel zu betrachten. Jeder ist ein Element des angestrebten Zustandes, den wir mit dem Sammelwort Fitness benennen.

Stärke	...ist eine Muskelangelegenheit. Muskelleistung erhält sich durch Beanspruchung und wächst durch zusätzliche Forderung. Eine acht mal mühelos ausgeführte Übung hat für den Muskel noch keinen Nährwert, den hat sie erst, wenn sie danach noch vier weitere Male wiederholt wird mit Mühe!
Ausdauer	...ist eng verwandt mit Muskelstärke. Beinhaltet aber zusätzliche Anregung von Herz und Kreislauf, da durch längeren Zeitaufwand immer größere anliegende Muskelgruppen mit mehr Blut und Sauerstoff versorgt werden wollen. Hier sind erhebliche Unterschiede feststellbar. Ein Kind, welches Kohlen- und Ascheeimer schleppt oder Netze voller Bierflaschen die Treppen hinaufträgt, hat eine andere Kondition, als ein fahrstuhlfahrendes und Kindergartenbus benutzendes Kind.
Agilität (Beweglichkeit)	...Vertrauen in die erprobten Anwendungsmöglichkeiten der eigenen Glieder ist hier Voraussetzung. Dieses Vertrauen entwickelt sich aus ungehemmter Raumergreifung und führt zu der Fähigkeit, Richtung der Bewegung spontan und doch beherrscht zu verändern. Es ist nicht übertrieben zu sagen, daß Agilität Leben und Gesundheit eines Kindes schützen. Sei es nun, daß es vor einem heranrasenden Auto auf die Bordschwelle springt oder sich von einem brechenden Ast aus dem Baum ins Gras fallen läßt. Es rettet sich durch Beweglichkeit, in der Vertrautheit mit dem eigenen Körper.
Flexibilität	...ist Sache der Gelenke, darum kann man auch Gelenkigkeit sagen. Elastizität der Bänder und Muskeln, die die Gelenke halten, spielt eine Rolle. Schlafen beispielsweise zwei Schwestern im aufgestockten Doppelbett, so wird das Mädchen, welches oben schläft, flexiblere Gelenke haben, weil es 730 mal im Jahr hinauf- und hinuntergeklettert ist, während sich die Schwester nur auf ihr Lager gerollt hat. Das gelenkige Kind ist im Stande einen Schubs auf der Schultreppe behende auszugleichen, während ein anderes sich beim Stolpern gleich den Knöchel verrenkt. Auch ein überraschend gefeuerter Ball wird von flexibler Hand gefangen, während es verstauchte Finger gibt, wenn diese Flexibilität fehlt.
Kraft	...ist die Fähigkeit, in kürzester Zeit maximale Muskelstärke hervorzubringen. Für Springen, Stoßen und Werfen wird sie benötigt. Eine schwere Tür aufzudrücken, einen Sessel zu schieben oder sich aus der Umklammerung eines Angreifers zu befreien, das geht alles gut mit Kraft.

Geschwindigkeit	...Bei diesem Element von Fitness kommt es darauf an, bestimmte Bewegungsabläufe von Muskelgruppen zu wiederholen, um Körperteile zu aktivieren oder den ganzen Körper zu transportieren. Und das kontinuierlich ohne Zeitverlust. Fixigkeit ist also wirklich keine Hexerei, sondern gute Kondition.
Balance	...ist eng verbunden mit guter Körperhaltung und der Fähigkeit sich zu konzentrieren. Voraussetzung ist wieder das Vertrauen des Kindes in die Möglichkeiten seines Körpers und vor allem Erfassen des eigenen Gewichts. Balance ist durch Übung und Erfahrungswerte zu gewinnen. Dann gelingt es, eine gewünschte Position mit Stabilität zu erhalten oder Bewegungsabläufe beherrscht zu kontrollieren.
Koordination	...ist allumfassend zu erwähnen. Hat ein Kind ausreichende Gelegenheiten seinen Körper zu erfahren und Bewegungsmöglichkeiten voll zu nutzen, so wird es das Zusammenspiel von Muskelstärke, Beweglichkeit, Geschwindigkeit und Balance mit Vergnügen empfinden.

Es wird lernen, Kraft zu dosieren und Energien je nach den Erfordernissen einzusetzen. Durch gute Koordination wird es von selbst auf rhythmische Abläufe seiner Bewegungen kommen, die dann die Freude am Turnen und auch am Tanzen erst voll erschließen.
Auch in vielen Fertigkeiten und Verrichtungen im kindlichen Alltag garantieren Koordinationsfähigkeit und Körperbeherrschung besseres Gelingen. Und in Situationen von Gefahr oder Bedrängnis wird ihm seine gesteigerte Fähigkeit, körperlich zu reagieren, außerordentliche Dienste leisten.
Damit hat jedes Kind außer dem unmittelbaren Vergnügen beim Turnen noch einen Gewinn, der anhalten wird. Es wird den Grad von Fitness erreichen, der seinen Möglichkeiten entspricht. Allein nach diesen gegebenen Möglichkeiten ist der Fortschritt jedes einzelnen Kindes zu beurteilen. Er hängt vom Körperbautyp, von den Proportionen und der unterschiedlichen Motorik der kleinen Turner ab. Es ist kaum zu vermeiden, daß die Kinder sich selbst untereinander vergleichen. Sie tun es im stillen für sich, auch wenn man bei so jungen Kindern Wettspiele und Rivalität fördernde Übungen völlig ausläßt.
Auch beim Vorschulturnen „liegen" nicht alle Übungen allen Kindern. Beobachtet man, daß einige Kinder besondere Schwierigkeiten mit einer Übung oder sogar mit aufeinander folgenden Übungen haben, so sollte man ruhig vom Konzept abweichen und erfolgversprechende Übungen für die so Entmutigten vorschlagen, um ihre Unlustgefühle nicht bis zur völligen Verweigerung zu treiben.
Ein Gespür für die Atmosphäre während der Turnstunde ist hilfreich, denn Un-

lustgefühle können bei der gesamten Gruppe durch zu häufige Wiederholungen der Übungen eintreten. Wiederholung ist aber unerläßlich. Es weiß jeder Muskelprotz und Bodybuilder, daß Wiederholung der Spannung und Anstrengung den gewünschten Gewebeaufbau bringt. Er nimmt beim Training diese Unlustgefühle auf sich, weil er selbstmotiviert ist, begehrte Ziele, den kraftstrotzenden Körper, die Medaille, den Sieg zu erringen.

Diese Besessenheit fällt bei kleinen Kindern fort, und auch derjenige, der mit ihnen turnt, hat eine bescheidenere Zielvorstellung. Er nimmt nämlich an einer Wiedergutmachungsaktion teil, er muß Zivilisationsschäden und Einschränkung des Bewegungsfreiraums ausgleichen. Das ist weniger spektakulär. Hinzu kommt die Anpassung an die Interessespanne des Kindes im Vorschulalter. Die notwendigen Wiederholungen der Übungen müssen also phantasievoll verschleiert werden, um die Turnstunde so vergnüglich wie möglich zu gestalten.

Viele Turnspiele eignen sich, einem einzigen Kind jeweils eine begehrte Rolle zuzuteilen. Während die Gruppe übt, entsteht bei allen der Wunsch, diese Rolle auch einmal zu spielen und dadurch entsteht bereits Wiederholung für alle. Diese Gruppenspiele können bei zu großer Kinderzahl in zwei Gruppen ablaufen. Schleicht sich eine gewisse Monotonie ein, so sollten in jedem Fall auch die Vorschläge der Kinder berücksichtigt werden. Immer wieder sagt einer: „Jetzt machen wir mal so!" Dann soll getrost die ganze Gruppe „so" machen. Ist es unangenehm und langweilig, was er vorgeschlagen hat, so lernen alle, daß man wirklich gute Ideen bringen muß, und ist der Vorschlag ausgezeichnet, und „so" zu machen, bringt allgemeines Vergnügen, dann ist es ein Gewinn.

Was soll geturnt werden?

Wann die Turnstunde anzusetzen ist, hängt vom Tagesablauf und dem Zeitplan der jeweiligen Gruppe ab. Es versteht sich, daß man nach dem Schlafen und nach einer Mahlzeit eine Stunde vergehen läßt, bevor man turnt. Die Mitte der ersten Tageshälfte und die Mitte der zweiten Tageshälfte kann man allgemein als gute Zeit ansehen. Schwimmkurse, Spaziergänge, Spielplatzbesuche sollten auch nicht unmittelbar vor oder nach der Übungsstunde stattfinden. Auch die Beobachtung der Energiekurve der Kindergruppe kann als Hinweis für die Zeiteinteilung gelten.

Auf jeden Fall sollten alle Kinder auf dem Klo gewesen sein und auch vorher einen Schluck Wasser getrunken haben, bevor sie zur Stunde kommen.

Was sollen die Kinder anziehen?

Das Wort Gymnastik bedeutete für die Griechen Bewegung des freien Körpers, ja des unbekleideten Körpers. Man kann sich darauf einigen, daß die Kinder so

wenig wie möglich anhaben, oder sich im Laufe der Stunde, wenn sie wärmer werden, dieses und jenes Kleidungsstück noch auszuziehen. Völlig gleichgültig darf sein, ob in den Hemdchen oder Höschen von der Bekleidungsindustrie der Vermerk Gymnastikanzug oder Turnhose steht. Bewegungsfreude und Körperfreundlichkeit hängen nicht vom Tragen einer gleichmachenden Turnuniform ab. Zum Glück können gerade Vorschulkinder in dem Zeug turnen, in dem sie sich am wohlsten fühlen. Auch der bekannte Schreck: Ich hab' mein Turnzeug vergessen, ist dann noch nicht relevant.
Nicht jedes Kind macht seine Gymnastik gern mit nackten Füßen, obwohl das empfehlenswert ist. Kinder, die kraftlose, wabbelige Zehen haben, mögen gern den Schutz des Turnschuhs. Da für diese Kinder kräftigende Fußübungen so besonders wichtig sind, sollten sie ermuntert werden, zu bestimmten Übungen, die Schuhe auszuziehen. Der ausgeprägten Vorliebe, Socken anzubehalten, ist mit Vorsicht nachzugeben. Bei einigen Übungen stören Socken überhaupt nicht, bei den meisten besteht jedoch Rutschgefahr. Das kommt auf den Fußboden an, erklärt sich von selbst und ist mit gesundem Menschenverstand leicht zu regeln.

Wo wird geturnt?

Wer eine richtige Turnhalle oder einen großen freien Mehrzweckraum benutzen kann, hat allen Grund sich zu freuen. Andererseits muß mit Einfallsreichtum Platz geschaffen werden. Die Mühe, Möbel zu schieben und Sachen beiseitezupacken, lohnt sich und kann gemeinschaftlich mit den Kindern getan, eine positive Auswirkung auf die Vorbereitung für die Turnstunde und ihren Verlauf haben. Selbstverständlich ist das Turnen draußen für alle herrlich, nur für die Planung eine unsichere Angelegenheit wegen des Wetters.

Turngeräte

Die richtigen Turngeräte sind so teuer, daß derjenige, der sich noch nicht damit befaßt hat, vom Stuhl fallen wird. Eine gut ausgestattete Übungshalle steht nur wenigen Vorschulgruppen zur Verfügung.
Wer Geräte anschaffen will und kann, sollte sich Kataloge von Firmen kommen lassen, die diese herstellen.
Turnmatten in verschiedenen Größen und Härten kosten pro Stück zwischen DM 200,-- und DM 500,--.*
Ohne Turnbank auskommen zu müssen, ist ein echter Mangel. Es gibt eine ideale Turnbank für Kindergärten, die sogar an der Stellfläche noch einen eingebauten

---
* Natürlich sind die hier angegebenen Preise nur ungefähre Richtwerte.

Schwebebalken aufweist. Außerdem hat sie stabile Haken, mit denen man sie an einer Sprossenwand aufhängen und sie so als Rutsche benutzen kann. Die Turnbank kostet fast DM 400,-- und die Sprossenwand DM 300,--. Ein Turnturm ist ebenfalls eine feine Sache. Er sieht aus, als wäre er aus vier Sprossenwänden gemacht, hat oben ein abnehmbares Brett und kann stehen oder liegend verwendet werden. Dieser schöne Turm kostet DM 500,--.

Dann gibt es prächtige Gymnastikwagen. Ein Wagen kostet, wenn er leer ist, ungefähr DM 400,--, und das ist leider kein Witz. Die dazugehörige Gesamtbestückung des fahrbaren, wetterfesten Wagens beläuft sich auf Kosten von DM 700,--.

Das Prunkstück der Bestückung ist der Medizinball. So ein Ball ist für eine turnende Kindergruppe kostbarer als ein goldenes Ei und durch nichts zu ersetzen. Im Gewicht von 2 kg und dem Umfang von 90 cm kostet er um DM 100,--. Er ist nahezu unzerstörbar und der Anschaffungspreis ist selbst nach Jahren von verschiedenen Gruppen noch nicht abgekullert. Andere Bälle aus Weichplastik oder Gummi zum Rollen und Fangenüben gibt es in vielen Qualitäten und Größen so zwischen DM 6,-- und DM 20,--.

Echte Turnreifen aus Holz kosten in einem Durchmesser von 70 cm unlackiert DM 8,-- und lackiert DM 3,-- zusätzlich. Gymnastikkeulen, lang und schlank aus glattem Holz, kosten in der Höhe von 40 cm pro Stück nur DM 7,--.

Ein Ziehtau von zehn Metern Länge, mit Ledergriffen versehen, kostet DM 70,--. Hanfseile von drei Metern Länge mit verknoteten Enden gibt es bereits für DM 5,--.

Luftgefüllte Ringe bekommt man für DM 3,--.

Viereckige Bohnensäckchen zum Fangenüben gibt es in verschiedenen Farben für DM 6,-- pro Stück.

Turnstäbe kosten nur DM 3,--. Sie sind dann 80 cm lang, lackiert oder unlackiert. Kleine Fußstäbchen für Zehenspiele gibt es für DM 1,-- das Stück.

So sieht die Gesamtausstattung des Gymnastikwagens für Kindergärten und Vorschulklassen aus. Alles ist auch einzeln zu haben. Vieles kann man selbst machen.

Was kann man selbst bauen und basteln?

Einige dieser richtigen Turngeräte kann man sehr wohl in eigener Herstellung ersetzen.

Die Unterstützung handwerklich geschickter Eltern und die Einsatzbereitschaft der Bezugspersonen ist eine große Hilfe, die letztlich den Kindern zugute kommt. Bauhäuser und Heimwerkergeschäfte bieten wahre Wunderdinge an, mit denen man sich eine Turnausstattung selbst machen kann.

Eine Turnbank von 280 cm Länge genügt für die Vorschulgruppe. Die Höhe sollte um 50 cm betragen. Einen schönen Schwebebalken kann man sich schneiden lassen. Er kann 300 cm lang sein und sollte an allen vier Seiten eine Breite von 12 cm haben. Stützfüße an jedem Ende bringen ihn auf 20 cm Oberflächenhöhe.

Turnmatten kann man für kleinere Kinder durchaus mit vorhandenen Matratzen ersetzen. Drei- bis sechsjährige Menschen führen noch keine Übungen aus, die mit starker Aufprallenergie verbunden sind. Kinderbettmatratzen oder bezogener Schaumstoff in der Größe von 100 cm mal 200 cm und der Dicke von 12 cm tun es auch.

Um hölzerne Turnreifen zu ersetzen, kann man im Warenhaus Plastikreifen kaufen. Sie haben einen Durchmesser von 80 cm. Sie sind weniger stabil, aber brauchbar. Da sie DM 3,-- kosten, ist der Unterschied zum Holzreifen allerdings nicht erheblich.

Da man mit einer Kindergruppe kein flottes Keulenschwingen veranstalten wird, kann man die Holzkeulen sehr gut mit Plastikflaschen ersetzen. Sie werden mit Sand gefüllt und nicht nur gut, sondern sehr gut verkorkt. Dann eignen sie sich vorzüglich, für alles was an sich mit Keulen geübt wird.

Selbstgemachte runde Bohnensäckchen aus knallfarbigen Stoffresten sind viel freundlicher als gekaufte. Man schneidet zwei runde Stoffplatten im Durchmesser von 20 cm und näht mit einer einkalkulierten Nahterlaubnis von zwei cm rundum zusammen, bis eine Öffnung für die Einfüllung bleibt. Hinein gibt man 300 Gramm weiße Bohnen und vernäht die Öffnung gut und fest. Fertig ist der Bohnensack, ein Lieblingsstück jeder Kindergruppe. Möglichst sollte für jedes Kind einer vorhanden sein. Er fliegt sicher und träge durch die Luft, dreht sich kaum, ist unelastisch und springt daher niemals zurück. Jeder Tennisspieler und jeder Fußballstar weiß, daß ein in die Luft gesandtes Objekt zum Projektil wird. Ein Vorschulkind ist mit diesen Gesetzen nicht vertraut, es wird beim Fangenüben leicht entmutigt. Das Bohnensäckchen ist das ideale Projektil für diese Altersstufe. Kleine Finger können fest hineingreifen, und die „Fangquote" und das daraus resultierende Erfolgserlebnis sind erfreulich.

Turnstäbe kann man sehr gut aus alten Besenstielen schneiden oder sich im Holzgeschäft runde Stäbe schneiden lassen. Alles was selbstgemacht aus Holz ist, muß splitterfrei sein und abgerundete Ecken und Kanten haben.

Sandsäckchen, die gute Dienste bei Balanceübungen leisten, lassen sich leicht herstellen. Man schneidet aus festem, dichtgewebten Stoff ein 40 cm mal 40 cm großes Stück. Ein Pfund Sand wird in die Mitte gelegt, und die Zipfel werden zusammengefaßt und gut verknotet. Ein 65 cm langes, starkes Wäaschegummiband wird daran gebunden, und an das Ende kommt ein Gardinenring.

Aus Saftbüchsen kann man Stelzen machen. Dosen von 17 cm Höhe und einem Umfang von 10 cm, die Flüssigkeit enthalten, werden ausgegossen. Zwei Löcher hat man mit einem Öffner, welcher für Bier- oder Sahnedosen benutzt wird, gemacht, so daß der Dosendeckel erhalten bleibt. Nun nimmt man eine Plastikschnur, biegt das Ende zu einer Rundung und schiebt es mit viel Geduld durch das eine Dreiecksloch, bis es zum anderen wieder hinauskommt. Das ist schwierig, aber es geht. Eventuell hilft man sich mit Draht dabei. Diese Halteschnüre werden nun so verknotet, daß sie der Armlänge der Kinder entsprechen, wenn sie mit jedem Fuß auf einer Büchenstelze stehen und die Plastikschnüre, die eine

Halteschlaufe haben, mit den Händen greifen. Obenauf klebt man ein Stück Filz, damit der Rand beim Gehen nicht drückt. Die Kinder können ihre Stelzen bunt bekleben.

Rasseln lassen sich aus Drahtbügeln und Kronenkorken basteln. Die Drahtstücke werden zu einem Zirkel gebogen. Die Kronenkorken werden durchlöchert und auf den tellergroßen Drahtkreis gezogen. Der Ring wird mit umgebogenem Ende verschlossen. Dann wickelt man Klebeband um die Verschlußstelle. Eine Griffstelle für die Hand ist ausgespart.

Nun bereichert man seine gebastelte Ausstattung noch um eine Küchenuhr mit schönem Klingelton. Sie kann als Entscheidungshilfe sehr nützlich sein, wenn die Meinungen über die Dauer einer bestimmten Übung zu sehr auseinander gehen.

Eine Tüte mit bunten Paketgummis ist wichtig, um bei großer Gruppenstärke Untergruppen einzuteilen. Wenn acht Kinder ein rotes Gummiband um die Handgelenke gestreift bekommen und acht weitere sich mit blauen oder grünen Gummis schmücken, dann besteht auch optisch ein Zusammengehörigkeitsgefühl, und jeder weiß, wo er hingehört. Zur Abwechslung kann man auch kleine bunte Wäscheklammern an die Höschen knipsen oder Farbtupfer auf die Hände geben. Das macht auch Spaß, dennoch sollte man auf die farbigen Gummis nicht verzichten, denn rechte und linke Füße lassen sich gut mit lila oder orangenen Gummis markieren, was von Vierjährigen dankbar aufgenommen wird, wenn darüber noch Unklarheit besteht!

Kreide für Bodenmarkierungen oder Zielkreise an der Wand und der nasse Lappen, um die Spuren zu tilgen, sind nützlich.

Da bei allem Turnvergnügen auch unangenehme Situationen eintreten können, kann man sich ausstattungsmäßig darauf vorbereiten, in dem man zwei Matten oder Matratzen in einer Ecke bereit legt. Die eine ist die Aua-Matte und die andere die Nein-Matte. Es kommt vor, daß Kinder beim Turnen einander oder sich selbst weh tun. Einem Kind, das Schmerzen verspürt oder vorgibt, welche zu haben, wird jeder eine Pause gönnen wollen. Es nimmt, entfernt vom Treiben der Gruppe, auf der Aua-Matte Platz, bis ihm wieder besser ist. So wird es mit seinem Leiden ernst genommen.

Die Nein-Matratze erfüllt eine ähnliche Funktion. Sie stellt weder eine Strafbank, noch eine Schäm'-Dich-Ecke dar, sie dient nur der Sicherheit aller übenden Kinder. Denn findet ein kleiner Turner eine bestimmte Übung doof oder weigert sich aus anderen Gründen mitzumachen, so darf er nicht wild zwischen den anderen umherrennen oder trotzig im Raum stehen. Er soll dann ruhig demonstrativ auf der Nein-Matte Platz nehmen, damit er keine Gefahr für die anderen darstellt. Zusammenstöße und Aufsprünge werden vermieden und unkontrolliertes Herumfuchteln mit Geräten wird ausgeschlossen. Nimmt aus Solidarität ein zweites Kind auf der kleinen Schmollmatte Platz, so hilft nur der schnelle Vorschlag einer allgemein sehr beliebten Übung, auch wenn dadurch das Konzept der Stunde ins Wanken gerät. Um die Verweigerer wieder ins Feld zu bringen, kann man sie auch bitten, selbst die nächste Übung vorzuschlagen oder beim Aufbau von Geräten und beim Mattenziehen zu helfen. Bewährt hat sich auch bei hartnäckigen Fällen völliges Ignorieren, selbst wenn das Kind die Hälfte der Stunde versäumt, gewöhnlich ist dann plötzlich die Matte wieder leer, und man entdeckt das rote oder blaue Höschen mitten unter den Aktiven.

Mit oder ohne Musik?

Im seltenen Glücksfall gibt es ein Klavier, davor ein Stühlchen und darauf eine liebe Tante oder einen gütigen Onkel, der mit einem Auge auf die Turngruppe und mit dem anderen auf die Tasten schaut. Diese völlig angepaßte Untermalung ist geradezu ideal. Muß man sie aber maschinell ersetzen, so stellt man sich einen Plattenspieler oder einen Kassettenrecorder auf. Um rhythmische Bewegungsabläufe turnender Kinder klanglich zu unterstützen, eignet sich die simpelste Klaviermusik am besten, und gerade die ist sehr schwer zu bekommen!
Wem es nicht so sehr darauf ankommt, daß Takt und Bewegung bei allen Übungen präzise übereinstimmen, der findet in der Fülle klassischer Ballettmusik viel Brauchbares. Großen Anklang findet stets die Langspielplatte mit der gesamten „Puppenfee" von Josef Bayer* darauf. Sie enthält alles, was kleine Kinder mögen: Hopsiges und Stampfiges, sowie Rennmusik und etwas zum Fliegen und Schweben. Drehmusik und Galoppmusik. Es sind echte Ohrwürmer dabei, die den Kindern beim Wiedererkennen Freude machen. Populäres Schlagermaterial läßt sich auch verwenden. Doch hier gilt das gleiche wie bei Kinderliederplatten: Wenn Text und Reime ausgesprochen vorherrschend sind, dann wirken sie eher störend und ablenkend als anregend.
Der Übungshelfer braucht ein Tamburin. Es kostet je nach Bezugsmaterial, mit oder ohne Schellen zwischen DM 15,-- und DM 30,--. Bei einigen Übungen ist geräuschvolle Akzentuierung nur mit einem Schlaginstrument möglich. Der Schlegel zum Tamburin kostet ca. DM 4,--. Es macht den Kindern viel Spaß, ab und zu der Klopfer zu sein. Sehr schön ist es auch, wenn man alte Trommeln oder Pauken hat. Alles bitte schön, nur bei kleinen Kindern noch keine Trillerpfeife!
Klanghölzer zu besitzen, erhöht das Vergnügen jeder Turnstunde. Nach anstrengenden, muskelbezogenen Übungen kann man mit ihnen munteren rhythmischen Spaß veranstalten, der aber nichts mit musikalischer Früherziehung zu tun hat. Die Auswahl von Klanghölzern ist verwirrend, und die Preisunterschiede sind ganz enorm. Für eine Turnstunde mit Vorschülern, die gerade anfangen zu erkennen, daß man die Bewegungen des eigenen Körpers mit Tönen akzentuieren kann, genügen die billigsten Hölzchen. Der Verkäufer im Musikgeschäft wird

---

*(erhältlich b. Da Camera, Disco Center, Kassel)

allerdings den Tränen nahe sein, wenn man sie verlangt. Er ahnt nicht, daß die Klanghölzer auch als Fußstäbchen Verwendung finden werden und daß es unwichtig ist, ob der Klang der echten aus Palisander zauberhafter ist. Ein Paar einfacher Klanghölzchen kostet ca. DM 4,--.

Es gibt keine bessere Formation, um zu Beginn der Turnstunde ein gutes Gruppengefühl herzustellen, als den Kreis mit Berührung. Damit der Drang einiger Kinder, schnell noch einmal wegzulaufen, gedämpft wird, läßt man sie auf dem Boden Platz nehmen und beginnt mit Übungen, die im Sitzen stattfinden können. Der Kreis wird rund und die Abstände werden gleichmäßig, wenn alle Beine gespreizt sind und die Fußspitzen sich berühren.

Übungen, um Fußgelenke und Zehen zu lockern, Bänder und Fußmuskulatur zu kräftigen

Gespräche über bevorstehende Übungen regen oft das Interesse der Kinder an und fördern intensive Beteiligung. Hier bietet sich an zu erwähnen, daß in jedem Fuß viele ganz kleine Knochen sind und viele Sehnen, die wie Gummibänder arbeiten. Wenn Schuhe schlecht und abgetragen sind, werfen wir sie weg und kaufen neue, stabile Schuhe. Die Füße behalten wir und darum sollte man etwas für sie tun.

1. *Zehen gucken sich an*

Die Gruppe sitzt mit gespreizten Beinen und Fußkontakt zum Nachbarn im Kreis. Hände sind hinter dem Körper aufgestützt. Alle Füße lösen den Kontakt und machen eine Einwärtsbewegung. Die großen Zehen wenden sich einander zu und schauen sich an. Dann folgt die Auswärtsdrehung und der Fußkontakt ist wieder hergestellt. Beliebig wiederholen und Tempo beschleunigen.

2. *Fußspitzen auf und ab*

Sitzkreis mit geschlossenen Beinen. Alle Zehen zeigen zur Mitte, dann werden die Füße aufgerichtet, die Zehen zeigen zur Decke. Und wieder abwärts und aufwärts, beide Füße zugleich.
Variation: Der rechte Fuß geht aufwärts, der linke abwärts und umgekehrt.

3. *Fußstäbchen greifen*

Sitzkreis in lockerer beliebiger Haltung. Jedes Kind hat ein Fußstäbchen und übt in seinem eigenen Tempo, es mit den Zehen zu greifen, es hochzuhalten und fallen zu lassen, oder sachte abzulegen.
Variation: Das Fußstäbchen zwischen dem großen und dem zweiten Zeh halten und auf dem Boden „malen".

4. *Turnstab rollen*

Sitzkreis mit großen Abständen. Vor sich hat jedes Kind einen Turnstab, den es mit den Füßen vorwärts rollt und wieder zu sich rollt, bis die Beine eingezogen sind. Dabei stützen sich die Hände rückwärts auf den Boden oder sind im Nacken gefaltet.

5. *Tip-Tip Fersen-Zehen*

Sitzkreis mit rückwärtig aufgestützten Händen. Die Kinder ziehen die Knie so weit hoch, daß die Füße vom Boden abheben. Durch Aufwärts- und Abwärtsheben der Unterschenkel und Heben und Senken der Füße, tippen einmal die Fersen auf den Boden und einmal die Zehen. Mit flottem Tempo machen lassen.

6. *Murmellöcher machen*

Stehkreis mit eingestützten Händen an den Hüften. Jedes Kind stellt einen Fuß vor, auf seine Ferse, Zehen erhoben. Nun werden die Füße hin- und hergeschwenkt, wobei die Fersen mit festem Druck am Boden bleiben, als bohren sie ein Murmelloch in den Boden. Anderer Fuß kommt dran.
Variation: Ein Fuß wird vorgestellt, Zehen bis zum Ballen am Boden, Knie leicht angewinkelt. Jetzt wird das Murmelloch mit Zehendruck vertieft.

7. *Füße auf — Füße zu*

Stehkreis mit eingestützten Händen.
Beide Füße geschlossen nebeneinander. Füße heben, bis nur die Fersen am Boden sind und schräg seitwärts senken. Erneut anheben und senken, Füße stehen wieder parallel. Mehrere Male wiederholen.
Variation: Jeden Fuß einzeln anheben und schräg seitwärts niederbringen. In flotterem Tempo als beim gleichzeitigen Ausführen beider Füße.

8. Fersen hoch — Fersen weg

Alle, bis auf ein Kind knien im Kreis auf allen vieren. Köpfe zur Mitte, Hände aufgestützt. Die Füße sind aufgestellt mit Zehendruck am Boden, dadurch ragen die Fersen empor. Ein Kind geht außen um den Kreis und steigt über die Unterschenkel der knienden Kinder. Jedes von ihnen macht gewissermaßen Platz, in dem es die Unterschenkel anhebt und seine Füße ganz flach auf den Boden legt. Ist das Kind darübergestiegen, stellt es schnell die Füße wieder auf die abgekippten Zehen.

9. Mit den Füßen klopfen

Stehkreis mit eingestützten Armen. Ein Bein wird angehoben, sein Kniegelenk ist locker. Jetzt wird neunmal mit der Fußspitze kräftig auf den Boden geklopft und zwar nur vom Fußgelenk aus, dann wird der Fuß neben den anderen gestellt, alle sagen ZEHN und klopfen mit dem anderen Fuß.

10. Plätze tauschen

Alle Kinder stehen im Kreis. Der Übungshelfer ruft zwei Namen auf und diese beiden Kinder gehen auf den Zehenspitzen durch den Kreis und tauschen ihre Plätze. Niemand rennt und keiner schummelt!

11. Füße machen Kreise

Sitzkreis mit rückwärtig aufgestützten Händen. Die Beine liegen leicht gespreizt am Boden. Nun beschreiben beide Füße Außenkreise. Gut drehen lassen und den Kindern vorschlagen, sie sollen daran denken, daß der große Zeh ein Stück Kreide ist, welches einen Kreis malt. Der Innenkreis fällt schwerer, gelingt aber mit Übung.
Variation: Ein Kind steht in der Mitte und sagt: Drei Kreise nach innen für Sabine, fünf Kreise nach außen für Jens, usw.

Übungen, um Knie- und Hüftgelenke zu lockern, Unterschenkel- und Oberschenkelmuskulatur zu kräftigen

Im Gespräch über die Beine kann man den Kindern erklären, daß wir eine Kniescheibe haben. Sie sitzt oben auf dem Knie und läßt sich sachte hin- und herschieben. Auf der anderen Seite des Beins ist die Kniekehle. Sie ist kitzlig. Im Oberschenkel sitzt der größte Muskel, den wir haben. Wenn er sich kräftig bewegt, dann hilft er das Blut aus den Beinen wieder nach oben zu drücken, wo das Herz in der Brust ist.

12. *An den Zehen ziehen*

Sitzkreis mit geschlossenen Beinen und geradem Rücken. Die Arme werden einmal kurz emporgestreckt, dann beugt der Oberkörper mit gestreckten Armen vornüber, die Hände greifen die Zehen. Daran zieht jedes Kind sein rechtes Bein dicht an den Oberkörper bis das Knie gebeugt ist. Das Bein wird wieder ausgestreckt und die Kniekehle kommt zurück an den Boden. Dann wird das andere Bein gezogen. Die Übung mehrere Male machen lassen und dann vorschlagen, sie mit beiden Beinen zugleich zu probieren. Darauf achten, daß die Hände nicht loslassen. Danach kräftig die Beine schütteln.

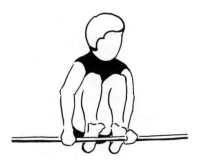

13. *Alle Viere an den Stock*

Sitzkreis in beliebiger Haltung. Jedes Kind bekommt einen Turnstab. Es hält ihn leicht angehoben in beiden Händen vor sich und bringt beide Fußsohlen an den Stab. Nun versucht jeder für sich, Arme und Beine zu strecken. Wenn es langsam und behutsam geschieht, kann man einen Augenblick sitzen und zählen, wie lange man es aushält, in der Stellung die Balance zu halten.

14. Rechtes Bein, linkes Bein — alle beide

Ein Kind steht in der Mitte des Sitzkreises. Die anderen ziehen die Beine an, klappen die Knie zur Seite und greifen zwischen den offenen Beinen mit den Händen ihre Fußsohlen von innen. Jetzt sagt das Mittelkind: Rechtes Bein! und alle strecken den rechten Arm und das angefaßte rechte Bein schräg empor. Das Kind sagt: Linkes Bein! Rechts wird eingezogen und links wird gestreckt. Nach einigen Wiederholungen ruft das Kind schnell: Alle Beide! Es zeigt auf einen Mitturner seiner Wahl und der streckt beide Arme und beide Beine zugleich schräg aufwärts. Sitzt er einen Augenblick und fällt nicht um, so ist er der nächste Ausrufer in der Mitte.

15. Füße durchstecken

Sitzkreis mit angezogenen Knien. Jedes Kind hält einen Turnstab mit leicht gebeugten Armen vor sich. Nun werden die Füße einzeln zwischen den Armen hindurch über den Stab gebracht, auf den Boden gestellt und wieder angehoben und zurückgeholt. Geübte können es bald mit beiden Beinen zugleich.

16. Hasenloch

Alle Kinder im Kreis gehen in die Hockstellung, Fersen leicht angehoben, Po daran. Im Kreis liegt ein Turnreifen. Ein Kind beginnt in die Mitte zu hüpfen. Es bleibt in der Hocke und stützt möglichst nicht mit den Händen ab. Da es nur wenige Sprünge sind, muß das gehen. Ist es in der Mitte, so ruft es: Hase hüpf ins Hasenloch... Jan! Jan hüpft zu dem Reifen, hinein und hockt wie die anderen. Das Mittelkind hüpft an Jans Platz. Dann verläßt Jan hüpfend den Turnreifen und ruft von der Kreismitte aus einen anderen Hasen, der zum Reifen hüpft, während der letzte Ausrufer auf den freien Platz hüpft.

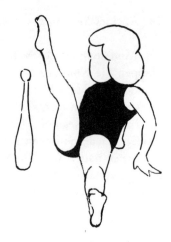

17. *Bein über die Keule*

Sitzkreis mit gespreizten Beinen, zwischen die jedes Kind eine Keule oder Sandflasche stellt. Hände werden rückwärtig aufgestützt. Nun wird das rechte Bein angehoben, gestreckt über die Keule in der Mitte hinübergebracht und auf der anderen Seite neben das linke Bein gelegt. Auf dem gleichen Wege geht das Bein zurück zur Ausgangsstellung und dann kommt das linke Bein dran. Es geht auch mit beiden Beinen.

18. *Enten füttern*

Die Gruppe bildet einen Kreis und geht in Hockstellung, die Fersen sind angehoben, die Knie geschlossen. In der Mitte liegt das Tamburin, man spielt, es sei Entenfutter darin. Der Übungshelfer ruft jeweils zwei sich gegenüberhockende Kinder auf. Sie watscheln mit angedeuteten Flügelschlägen zum Tamburin, „futtern" daraus und watscheln zurück an ihre Plätze. Wenn alle dran waren, schließt ein gemeinsamer Rundgang im Watschelgang mit Quaktönen ab, weil alle satt sind!

19. *Steh–auf–Männchen*

Zwei Reihen nehmen im Kniestand voreinander Platz, so daß sich jeweils zwei Kinder mit ausgestreckten Armen an den Fingerspitzen berühren. Eine Kinderreihe lehnt sich rückwärts. Das Kreuz wird etwas durchgebogen, die Arme bleiben waagerecht, die Fingerspitzen lösen vom Partner ab. Die Reihe schwankt wieder vorwärts und geht in Ausgangsstellung. Dann lehnt sich die andere Reihe rückwärts, Bauch und Schenkel bleiben fest, das Kinn neigt sich zur Brust. Abwechselnd weitermachen und danach schön die Beine schütteln lassen, denn es ziept in den Oberschenkeln.

20. *Mückenstich*

Alle Kinder knien auf einem Bein im Kreis und fassen sich rundum an den Händen. Der Fuß des knienden Beines liegt flach am Boden. Ein Kind ist die Mücke, es läuft außen flink um den Kreis und piekt dieses und jenes Kind in die Fußsohle, worauf das gepiekte Kind schnell die Beine auswechselt: Standbein nieder, anderes Bein aufgestellt. Nicht schummeln und nicht umgucken. Die Mücken auswechseln!

21. *Rührkreise*

Stehkreis mit rundum angefaßten Händen. Jedes Kind hebt ein Bein mit gebeugtem Knie. Fußspitze zeigt zum Boden. Nun führt der hängende Unterschenkel lockere Kreise aus. Außenkreise gehen gut, Innenkreise fallen schwer. Darauf achten, daß der Fuß gestreckt bleibt, sonst rührt oft der Fuß allein und nicht der Unterschenkel.

22. *Kniebeugen im Kreis*

Stehkreis mit gefaßten Händen. Das rechte Knie wird kräftig hochgezogen, wieder gesenkt, das linke Knie wird kräftig hochgezogen und gesenkt. Es folgt eine Kniebeuge abwärts und eine gemeinsame Streckung aufwärts. Um Trampeln der Füße und Losreißen der Hände zu vermeiden, bringt man es zur Konzentration mit diesem Vers. Rhythmisch gesprochen mit der Betonung auf dem Moment, wo das Knie oben ist:

Rechtes Bein	----	(ruck)
linkes Bein	----	(ruck)
unten sein	----	(alle in der Hocke)
oben sein	----	(Ausgangsposition)

Übungen, um Finger- und Handgelenke zu lockern, die Muskeln der Hände zu kräftigen

Hier bieten sich zum Gespräch die eigenen Beobachtungen der Kinder an: Größere Geschwister schütteln nach längerem Schreiben ihre Hände, ältere Menschen massieren steife Finger. Wir alle schütteln unsere Hände und reiben sie, wenn sie uns vor Kälte weh tun. Es gibt ganz kleine Muskeln in den Fingern, die Malstifte halten, Schleifen binden und immer wieder zugreifen müssen. Sie wollen gut durchblutet sein und viel bewegt werden.

23. Fingerschnipsen

Sitzkreis in lockerer beliebiger Haltung. Die „Hauptperson" ist der Daumen. Jeder Finger wird nun einzeln mit dem Nagel an die Daumenkuppe gelegt und kräftig fortgeschnellt: Schnipps, gestreckt ist er! Das ist für einige Kinder zunächst recht schwierig und erfordert Konzentration. Übung ist erfolgreich und bringt Spaß. Wenn es alle mit allen Fingern nacheinander können, kommt ein kleiner Vers dazu:

> „Der Lange fängt an   ----   (schnipps)
> der Zweite kommt dann   ----   (schnipps)
> der Dritte ist dran   ----   (schnipps)
> ob der Kleine das kann?"   ----   (schnipps)

24. Telefonnummer wählen

Sitzkreis im Schneidersitz. Einzeln sagen die Kinder den Namen eines Mitturners, den sie anrufen möchten. Dann strecken sie eine Hand vor, machen eine

Faust, aus der nur der gestreckte Zeigefinger guckt. Nun wählen sie auf einem großen gedachten Telefon eine Nummer und machen sechs große Kreise mit dem Handgelenk. Dann ist das angerufene Kind an der Reihe und wählt mit sechs großen Kreisen. Auch die linke Hand darf wählen.

25. *Finger weg!*

Sitzkreis zur Abwechslung mit aneinandergelegten Fußsohlen und offenen Knien. Die Hände werden aufgerichtet aneinander gelegt. Nun heben sich jeweils die Partnerfinger voneinander ab und gehen wieder zusammen. Dabei können die Kinder bis fünf zählen, aber langsam, denn die richtigen Finger abzuheben, erfordert Konzentration.
Variation: Die Kinder knien, legen beide Hände auf den Boden und heben die Finger vom Boden einzeln ab.

26. *Falten — Strecken*

Sitzkreis, Sohlen zusammen, Knie breit. Die Kinder heben die Ellbogen gebeugt und falten ihre Hände mit ruckhaftem Griff. Der rechte Daumen ist vorn. Sie lösen die Hände und packen sie wieder im gefalteten Griff, aber diesmal ist der linke Daumen vorn!

27. *Luft greifen*

Sitzkreis in beliebiger Haltung. Alle Kinder strecken die Arme mit weitgespreizten Fingern vor sich zur Kreismitte. Jetzt werden blitzschnell Fäuste gemacht und die Arme angezogen. Jeder greift soviel „Luft" wie er kann und macht die Fäuste so fest es geht. Dann wird losgelassen und mit weitgespreizten Fingern vorgestreckt.

28. *Klavier spielen*

Sitzkreis auf Knien, Po auf den Fersen flach gelegter Füße. Jedes Kind spielt ein kleines Stück auf einem gedachten Klavier. Natürlich ist Mitsingen erlaubt und Klatschen erwünscht! Je lebhafter sich die klimpernden Finger bewegen, um so besser.

29. *Rücken massieren*

Die Gruppe wird in Hälften geteilt. Eine Gruppe liegt ausgestreckt auf dem Bauch. Je ein Kind kniet daneben und massiert kräftig den Rücken des Liegenden. Ordentlich kneten und rubbeln! Austausch vorschlagen.

30. *Trocken wedeln*

Sitzkreis im Schneidersitz. Vor sich hat jedes Kind einen Gummiring oder einen kleinen Kreidekreis. Die Hände werden in diesen ausgedachten Wassertopf getunkt und kräftig trockengeschüttelt und gewedelt.

Übungen zur Lockerung von Ellbogen- und Schultergelenk, Kräftigung der Unter- und Oberarmmuskeln

Hier kann man im Gespräch nachfragen, was kräftige Arme alles tun können? Kleine Geschwister tragen, Handstand machen, beim Schwimmen helfen, Bälle fangen und werfen, schwere Spielsachen vom Schrank heben und vieles mehr.

31. *Zipfelmütze*

Schneidersitz mit geradem Rücken im Kreis. Die Arme erheben sich und die Hände werden über dem Kopf aneinandergelegt. Das ist die Zipfelmütze, jetzt wächst sie, die Arme strecken sich, die Spitze ist oben. Nun wird sie wieder klein, hinunter mit den Händen, bis die Handgelenke wieder am Kopf sind.

32. *Fenster auf — Fenster zu*

Schneidersitz im Kreis. Hände sind im Nacken verschränkt, Ellbogen straff seitwärts gerichtet. Das Fenster ist offen, alle schauen sich an. Jetzt werden die Arme vor das Gesicht gebracht, bis die Ellbogen sich berühren. (Proportions- und altersbedingt.) Das Fenster ist zu, keiner sieht die anderen. Ein Kind kann in der Mitte stehen und sagen: Anke und Ulli, Fenster auf, usw.

33. *Wo ist mein Ohr?*

Schneidersitz im Kreis. Jedes Kind greift mit dem rechten Arm über den Kopf nach dem linken Ohr. Und dann greift abwechselnd der linke Arm nach dem rechten Ohr. Einige können ihr Ohr greifen, manche berühren es mit den Fingerspitzen. Andere kommen nicht 'ran. Das Recken und Probieren lohnt sich dennoch für alle.

34. *Schlangenarme*

Sitzkreis in beliebiger Stellung. Fingerspitzen und Daumen der gleichen Hand werden aneinandergelegt. Die Hand ist der Schlangenkopf. Lustig ist es, wenn man Farbtupfer als Augen auf die Hände gibt. Nun sollen sich die Schlangen umeinanderringeln, hoch- und niedergehen, sich über dem Kopf anschauen, zum Nachbarn ringeln, ihn begrüßen, unter den Beinen durchgucken, schlapp niedersinken und sich ausruhen. Dann können die Arme sich wieder recken, aufschnellen, hoch über die ganze Gruppe schauen und vieles andere mehr. Durch leises Zischen untermalt wird das sehr spannend.

35. *Die Flasche geht 'rum*

Sitzkreis mit gespreizten Beinen und Fußkontakt. Nur jedes zweite Kind bekommt eine Flasche oder Keule. Es faßt sie mit beiden Händen um den dickeren Teil und streckt die Arme waagerecht nach vorn. Dann werden die Arme gestreckt und in gleicher Höhe seitwärts zum Nachbarn geführt, der mit ebenfalls gestreckten Armen die Keule oder Flasche abnimmt. Weitergeben, schneller, nicht fallen lassen!

36. *Spitzer Hut*

Sitzkreis im Schneidersitz mit geradem Rücken. Jedes Kind hat Keule oder Sandflasche. Es greift sie mit beiden Händen am unteren Ende und setzt sie auf seinen Kopf. Arme recken, Flasche hochbringen, wieder niedergehen, absetzen. Zehn mal tun lassen, dann können alle sagen: „Mein Hut ist spitz, mein Hut ist groß, gleich fällt er um, denn ich lass'…LOS!"

37. *Bitte—Bitte*

Sitzkreis im Schneidersitz. Die Hände werden aneinandergelegt. Die Fingerspitzen zeigen zur Decke, die Ellbogen sind angehoben. Nun drehen alle Kinder die Hände zur Kreismitte, die Fingerspitzen zeigen dorthin. Dann werden die Hände wieder aufgerichtet. Nun drehen sie sich einwärts, bis die Fingerspitzen zur Brust zeigen. Und wieder aufwärts! Dazu bitte—bitte sagen, wie Kinder es früher tun mußten, macht vielen Spaß und sie tun es sogar in erbärmlichem Ton.

38. *Gummikette*

Es wird ein Stehkreis gebildet, in dem jedes Kind einen Gummiring hat. Nun fassen alle Kinder je einen Gummiring zwischen sich mit den Händen. Alle gehen langsam zur Mitte, strecken die Arme waagerecht vor, bis die Gummiringe sich treffen. Dann gehen alle langsam rückwärts, bis ein Zug an den Gummiringen entsteht und alle Arme seitlich gereckt sind. Etwas zurücklehnen, nicht loslassen. Variation: Ein Kind steht in der Mitte und sagt: Eine kleine Kette—eine große Kette!

Übungen zur Anregung bewußter und besserer Atmung

Was Bauchatmung ist, kann man den Kindern so erklären: Der Unterbauch und der obere Bauch haben zwischen sich ein Muskelstück, das Zwerchfell heißt. Nachdem der Heiterkeitserfolg abgeklungen ist, sind die Mißverständnisse nach eigenem Gutdünken zu klären. Über diesem Zwerchfell sind Zipfel von der Lunge, die sich nur ganz voll Luft pumpen können, wenn das Zwerchfell richtig Platz macht. Jedes Kind weiß, daß die Ohren an einem Ballongesicht am schwersten aufzublasen sind. Dieser Vergleich leuchtet auch vielen ein. Nur muß dann auch erklärt werden, daß unsere Lungen keine leeren Räume sind, sondern mehr wie Schwämme in der Art.

39. *Luftballon*

Alle liegen formlos verteilt auf dem Rücken am Boden. Sie machen sich ein wenig rund, in dem sie die Knie ganz locker an den Bauch gezogen haben und die Hände um die Knie legen. Jetzt wird durch die Nase tief eingeatmet, bis jedes Kind seinen Bauch gegen seine Schenkel pressen fühlt. Der Luftballon ist schlecht verknotet und durch ein kleines Loch zwischen den Lippen strömt ganz langsam die Luft aus. Dabei ziehen sie mit den Händen ganz fest die Knie und Schenkel an ihren Rumpf.

40. *Schwimmtiere*

Die Gruppe wird aufgeteilt. Eine Gruppe liegt am Boden ausgestreckt auf dem Rücken. Die anderen hocken neben den Liegenden. Sie gehen vom Strand nach Hause und müssen das Schwimmtier einpacken. Vorher muß die Luft heraus. Die Kinder am Boden atmen tief ein, Bauchdecke kommt hoch. Nun fördern die anderen Kinder mit sanftem (*Aufpassen!*) Druck das Ausatmen, in dem sie beide Hände auf deren Bauch und Brust legen und dabei fühlen, was vor sich geht.

41. *Bohnen auf dem Bauch*

Alle Kinder legen sich auf den Rücken und packen sich ein Bohnensäckchen auf die Stelle, wo der Nabel ist. (Es können zur Not auch Stofftiere sein.) Mit geschlossenem Mund wird tief durch die Nase eingeatmet. Nun wird der Atem ein wenig angehalten, alle Bohnensäckchen sind hoch auf dem Bauchberg! Dann bringt ein kleiner Wirbel auf dem Tamburin eine Untermalung der Ausdauer und danach wird langsam leergeatmet. Das Bohnensäckchen senkt sich.

42. *Atmen richtig — atmen falsch*

Zwei Turnreifen (oder Kreidekreise) sind am Boden. Vor beiden stellt man Pappschilder auf. Eins mit einem positiven, eins mit einem negativen Symbol.
Die Gruppe hockt im Halbkreis um den Reifen. Jedes Kind tritt einzeln nacheinander in beide Reifen. Zunächst demonstriert es die falsche Atmung in dem Kreis mit dem negativen Symbol (welkende Blume, trauriges Gesicht usw.). Es zieht die Schultern hoch, bläst die Backen auf, schnappt mit offenem Mund nach Luft und zieht den Bauch ein.
Im Kreis für richtige Atmung läßt das Kind die Schultern unten, dehnt Brust und auch den Bauch ein wenig und zieht Luft durch seine Nase. Es entläßt die Luft durch ein winziges Loch zwischen den Lippen und durch seine Nase.

43. *Gehen und Atmen*

Alle Kinder gehen locker in einem großen Kreis. Sie gehen vier Schritte und atmen ein, dabei heben sie die Arme bis sie waagerecht sind. Bei den nächsten vier Schritten wird ausgeatmet, und die Arme senken sich, bis sie hängen. Zu dieser Übung kann sehr gut ein Kind in der Mitte das Tamburin klopfen — eins–zwei–drei–vier — — eins–zwei–drei–vier.

Übungen zur Kräftigung der Rückenmuskulatur

Im Gespräch über die Wirbelsäule kann man verdeutlichen, wie die „Wirbel" dieser „Säule" zusammenhängen, in dem man die gespreizten Finger der eigenen Hände zur Handfläche biegt und mit den Fingerknöcheln die Hände faltet. Das ist ganz anschaulich. Dann kann man erklären, daß wir uns durch unsere Wirbelsäule mit vielen Bändern und Muskeln im Rücken aufrecht halten. Wir können uns dabei zu jeder Seite und vorwärts und rückwärts biegen. Kinder können das noch besonders gut. Alte Menschen werden steifer in ihrem Rücken und auch etwas kleiner, weil die vielen Wirbel mit den Jahren immer mehr aufeinandersinken. Hätten wir einen großen langen Knochen im Rücken, so könnten wir uns nicht recken und nicht biegen, also freuen wir uns über unsere schöne Wirbelsäule!

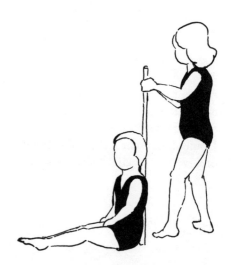

44. *Wer fühlt seine Wirbelsäule?*

Die Gruppe macht einen Sitzkreis mit geschlossenen Beinen. Ein Kind bekommt einen Turnstab und geht außen um den Kreis herum. Es stellt den Turnstab an den Rücken jedes Mitturners, der nun seinen Rücken gerade aufrichtet und versucht, seine Säulenwirbel an dem Turnstab zu fühlen, so viele wie möglich. Dann gibt das Kind den Turnstab ab und setzt sich an den frei werdenden Platz, weil derjenige nun außen um den Kreis geht und den Turnstab an die Rücken stellt.

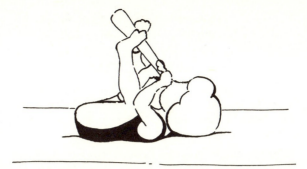

45. Bärenbabies

Sitzkreis mit angezogenen Beinen, Knie etwas auseinander. Jedes Kind bekommt eine Keule oder Flasche. Es nimmt sie in beide Hände und rollt sich auf den Rücken. Nun werden die Füße ebenfalls an die Keule gebracht und alle „nuckeln" wie die Bärenkinder. Dann rollen sie sich mit Schwung wieder in den aufrechten Sitz zurück. Das wird gern wiederholt.
Variation: Die Flaschen werden über den Köpfen abgestellt, dann wird zum Sitz zurückgerollt. Und noch einmal zurück auf den Rücken und die Flasche mit Händen und Füßen vom Standort über dem Kopf holen und „nuckeln".

46. Powandern

Sitzkreis mit geschlossenen Beinen. In der Mitte liegt ein Tamburin, wenn es ein kleiner Kreis ist, und ein Turnreifen, wenn es ein großer Kreis ist. Jedes Kind hat eine Keule, die es mit gestreckten Armen hoch über seinen Kopf hält. Nun rutschen alle auf den Pobäckchen durch einzelnes Vorschieben der Beine bis zur Mitte. Dort beugen sie sich vor, senken die Arme und klopfen mit der Keulenspitze einmal auf das Tamburin oder in den Kreis und wandern rückwärts an den Ausgangsplatz.
Variation: Das gleiche Wandern ausführen, aber ohne Keule und Reifen, nur mit waagerecht vorgestreckten Armen. Sind alle in der Mitte angekommen, so beugen sie sich vor und krabbeln gemeinsam an den vielen Zehen.

47. Ellbogen an's Knie

Sitzkreis mit gespreizten Beinen. Kniekehlen fest am Boden. Alle verschränken die Hände im Nacken. Nun wird nach links gebogen und der Ellbogen tippt auf das Knie. Das gleiche nach rechts. Bei dieser Übung wird gern geschummelt und geschludert. Darum hilft ein kleines „Kommando":

Nach rechts   — und gerade sitzen!
Nach links   — und gerade sitzen!
Nach rechts   — nach links
und GERADE SITZEN!

48. *Boden schrubben*

Sitzkreis mit gespreizten Beinen. Vor jedem Kind werden in der Mitte der beiden Beine zwei parallele Striche gezogen. Die Linien fangen dort an, wo die Knie wären, und hören dort auf, wo die Füße wären, wenn die Beine geschlossen am Boden liegen würden. Die Kinder beugen sich vor und rubbeln mit den flachen Händen die Kreidestriche fort.

49. *Stock über'n Kopf*

Sitzkreis mit gespreizten Beinen. Jedes Kind legt einen Turnstab vor sich auf den Boden. Die Fersen berühren ihn. Beine und Stab bilden ein Dreieck. Nun beugen sich alle vorwärts, greifen den Turnstab, bringen ihn mit gestreckten Armen empor, führen ihn über den Kopf. Die Arme werden gebeugt, der Stab ruht auf den Schultern. Er wird wieder angehoben, vorwärts über den Kopf gebracht, vor den Fersen abgelegt.

50. *Nasenkegeln*

Alle Kinder hocken im Kreis auf ihren Unterschenkeln, Po auf den flach gelegten Füßen. Die Hände sind auf dem Rücken verschränkt. Vor jedem Kind wird eine Keule oder eine Flasche aufgestellt, die es durch Vorschieben des Oberkörpers mit der Nase anstupst und umwirft. Die Abstände müssen individuell abgeschätzt werden.

51. *Fersen fassen*

Kniestand im Kreis aller Kinder. Beide Arme sind waagerecht nach vorn gestreckt. Zuerst geht der rechte Arm am Körper entlang rückwärts und tippt die rechte Ferse an. Der Arm wird wieder vorgeführt. Der linke Arm geht zurück, tippt die linke Ferse an. Dann wird es mit beiden Armen zugleich gemacht, wobei der Rücken etwas durchgebogen wird und der Po angehoben bleibt. (Nicht setzen!) Einigen Kindern fällt das schwer. Verschiedene können beide Fersen greifen, andere fassen sogar mit Leichtigkeit ihre Fußgelenke an.

52. *Postpaket*

Sitzkreis mit geschlossenen Beinen. Abstände so, daß alle Kinder sich bei den Händen fassen können. Ein Kind steht in der Mitte und sagt langsam und rhythmisch:
Ich bringe ——— ein Paket ——— zur Post ——— ich muß es ——— nur erst ——— (dabei wiegt sich die Gruppe von Seite zu Seite in einer Schunkelbewegung) PACKEN! Bei diesem letzten Wort lassen alle Kinder die Hände los, ziehen die Knie an den Bauch und greifen mit den Armen fest um die angezogenen Beine. Der Rücken wird rund, die Nase verschwindet an den Knien. Das Mittelkind sucht einen Mitturner aus, der in die Mitte kommt und den Vers sagt, während es seinen Platz einnimmt.

53. *Mitte–unten — Mitte–oben*

Die Gruppe steht im Kreis, die Beine sind leicht gespreizt, Arme gestreckt an den Ohren. Alle beugen sich vor, bis der Rücken waggerecht ist. Der Blick bleibt in der Mitte, alle schauen sich noch an. Herunterbeugen, bis die Fingerspitzen oder sogar die Handflächen den Boden berühren. Der Oberkörper hebt sich wieder, alle Rücken sind waagerecht, der Blick ist wieder zur Mitte gerichtet, der Kopf ist zwischen den Armen. Dann richten sich alle ganz auf zur Ausgangsposition. Dazu wird das Tamburin geklopft und gesagt: Mitte–unten — Mitte–oben.

54. *Holzhackerschwung*

Standkreis mit breit gestellten Beinen. Die Kinder heben die gestreckten Arme und falten oben die Hände. Nun schwingen sie vor und hinunter in einer Bewegung, bis die Hände durch die Beine hindurchgegangen sind und erheben sich wieder. Mehrere Male machen lassen. Der Übungshelfer geht außen um den Kreis und ermuntert die Holzhacker, deren Hände nicht weit genug zwischen den Beinen hindurchkommen, sich tiefer und schwungvoller zu beugen.

Übungen zur Kräftigung der Bauchmuskulatur

Beim Gespräch über den Bauch und die Bauchmuskeln kann man seine zehn Finger spreizen und sie auf den eigenen Bauch legen. Das veranschaulicht, daß alles was im Bauch ist, weich ist und von der Muskeldecke gehalten wird. Man kann an Korsetts und komische Gummigürtel erinnern, die getragen werden, wenn die Bauchmuskeln schlaff sind. Angenehmer und bequemer sind die eigenen festen Bauchmuskeln.

55. *Bauchmuskelfühler*

Die Hälfte der Gruppe liegt am Boden auf dem Rücken. Die Arme sind an den Seiten mit nach unten gekehrten Handflächen. Diese Kinder heben gestreckte Beine, bis die Zehen zur Decke zeigen. Dann senken sie die Beine und legen sie ohne Plumpsgeräusch wieder auf den Boden. Heben und senken geschieht langsam und gleichmäßig. Aus der anderen Hälfte kniet neben jedem Kind ein Bauchmuskelfühler, der seine Hände auf den Bauch des Übenden legt. So erfährt er die Arbeit der Bauchmuskeln. Sie festigen sich bei der Anstrengung und werden locker beim Nachlassen der Spannung. Auswechseln der Kinder nach einiger Wiederholung.

56. *Stern 1*

Die Gruppe liegt sternförmig auf dem Rücken am Boden. Die Füße zeigen zur Mitte. Die Arme liegen an den Seiten mit nach unten gekehrten Handflächen. In der Mitte steht ein Kind mit dem Tamburin. Es klopft sachte einmal und sachte ein zweites Mal. Bei drei klopft es laut und kräftig. Darauf ziehen alle liegenden Kinder mit einem Ruck ihre Knie an den Bauch. Dann folgen zwei leise Klopfer und ein lauter Dritter, worauf alle Kinder ihre Beine mit einem Ruck vorstrecken und ablegen. Wiederholen und das klopfende Kind auswechseln.

57. Stern 2

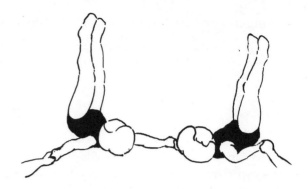

Die Gruppe liegt sternförmig auf dem Rücken am Boden. Die Köpfe zeigen zur Mitte, und die Abstände sind so, daß alle Kinder sich breitarmig an den Händen fassen können. Nun bringen alle die Beine empor und hinüber über den Kopf, bis alle Zehen zur Mitte zeigen. Wieder anheben und gestreckt über oben zurück zum Langliegen bringen.

58. Stern 3

Die Gruppe liegt sternförmig auf dem Rücken am Boden. Die Köpfe zeigen zur Mitte und die Abstände sind groß. In der Mitte steht ein Kind mit dem Tamburin. Es klopft und alle liegenden Kinder legen ihre gestreckten Beine leicht gekreuzt, eins über das andere. Auch die Arme sind leicht gekreuzt über dem Kopf. Nun rasselt das Mittelkind mit dem Tamburin, und Arme und Beine werden breit gespreizt. Es folgt der Klopfer, und Arme und Beine schließen sich gekreuzt zusammen.

59. Luftradfahren

Ein Kind steht im Kreis, alle anderen liegen auf dem Rücken. Sie greifen sich selbst am Becken und stützen sich so weit empor, daß der Po vom Boden abkommt. Nun werden mit den Beinen echte Kreise ausgeführt, als träte man Pedalen. Das Kind in der Mitte sagt: Den Berg hinauf! Alle machen große langsame Kreise. Dann heißt es den Berg hinunter! Alle radeln flink. Wenn das Kind sagt: Geradeaus, dann wird mittelschnell gekreist.

60. Radfahren zu zweit

Je zwei Kinder legen sich zu Boden auf den Rücken und berühren sich gegenseitig mit den Fußsohlen.

Die Knie sind leicht angezogen, die Arme liegen mit abwärts gekehrten Handflächen neben dem Körper. Nun führen beide mit gut abgestimmtem Druck gegeneinander radelnde Beinkreise aus.

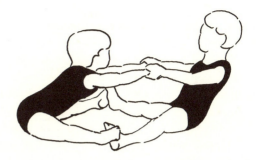

61. *Sägewerk*

Jeweils zwei Kinder nehmen voreinander mit gespreizten Beinen auf dem Boden Platz und berühren sich mit den Fußspitzen. Über den Abstand hinüber reichen sie sich die Hände und ziehen sich vorwärts und rückwärts. Ein Kind beugt vor, das andere lehnt rückwärts und umgekehrt. Nach zwölf gezählten Sägestrichen ist ein dicker Klotz durchgesägt, und alle lassen los und schütteln kräftig die Arme und die Beine.

62. *Bauchschaukel*

Alle Kinder liegen im Kreis auf dem Bauch und schauen zur Mitte. Arme sind vorgestreckt, Handflächen abwärts. Nun heben sich beide Arme, das Kreuz wölbt sich, Brust hebt ab. Arme und Brust senken sich wieder zu Boden und die Beine heben gestreckt ab. Durch Wiederholung entsteht ein schaukelnder Schwung, der bei einigen Kindern erheblich, bei anderen sehr mäßig ist. Kniegelenke dürfen nicht locker sein, sonst heben die Oberschenkel nicht vom Boden ab. Der Hals muß lang gereckt sein, sonst verhindert der Kopf den Schaukelschwung.
Variation: Nach genügender Schaukelübung gelingt es warm und weich geturnten Kindern bei dieser Bauchschaukel mit den Händen rückwärts gebogen die Fußgelenke zu umfassen.

63. *Aufrichten — Niederlegen 1*

Die Gruppe liegt im Kreis am Boden auf dem Rücken. Füße zeigen zur Mitte. Hände ruhen auf den Oberschenkeln. In der Mitte steht ein Kind. Es klopft auf das Tamburin, und alle richten sich zur Sitzhaltung auf, strecken einmal schön den Rücken und legen sich langsam und sachte mit einer Abrollbewegung und rundem Rücken wieder nieder. Dazu rasselt das Mittelkind mit dem Tamburin. Drei bis sechs mal wiederholen und das Mittelkind auffordern, durch Abgeben des Tamburins einen Nachfolger zu bestimmen.

64. *Aufrichten — Niederlegen 2*

Eine Hälfte der Gruppe liegt auf dem Rücken am Boden. Die Arme sind neben dem Kopf ausgestreckt. Die andere Hälfte kniet neben den Liegenden und hält deren Füße fest am Boden. Nun erheben die liegenden Kinder den Oberkörper bis zur Sitzhaltung. Die Handspitzen zeigen zur Decke, der Kopf ist zwischen beiden Armen. Das Niederlegen erfolgt langsam und sachte. Auswechseln vorschlagen, wenn das Aufrichten anfängt, mühselig zu wirken.

65. *Nase an's Knie*

Rückenlage der Gruppe im Kreis. Die Füße zeigen zur Mitte, dort steht ein Kind. Es sagt: Nase an's Knie, rechts! Darauf ziehen alle Kinder das rechte Bein gebeugt an den Bauch, umklammern das Knie mit beiden Armen und heben den Kopf, um die Nase an das Knie zu bringen. Alle linken Beine liegen gestreckt im Kreis und das Mittelkind läuft mit großen Schritten in der Runde darüber weg. Die Liegenden senken die Beine und den Kopf. Das Mittelkind ruft: Nase an's Knie, links! Nun liegen die rechten Beine zum Darüberlaufen im Kreis und alle Nasen sind am linken Knie. Danach sucht das Mittelkind sich einen Nachfolger aus und legt sich an dessen Platz.

Haltungserziehung und Balanceübungen

Haltungserziehung ist für Kinder unendlich wichtig und unendlich langweilig. Das Kommando „Geh' gerade" hat nach der zwanzigsten Anwendung mit Gehen insofern noch etwas zu tun, daß es in das eine Ohr hinein- und aus dem anderen hinausgeht. Verschleiert angewandte Haltungserziehung kann erfolgreich sein. Sie muß spielerisch geschehen. Zunächst läßt sich im Gespräch erklären, daß gute Haltung nichts mit steifen Gliedern zu tun hat. Wer die Knie zusammenpreßt, die Unterschenkel nach hinten durchdrückt, ein krampfiges Doppelkinn und womöglich noch Fäuste macht, der steht „stramm" wie ein Zinnsoldat, und das ist keine gute Haltung. Im Gegenteil, Hüft-, Knie- und Schultergelenke sollen locker sein und alles, was daran ist, muß entspannt bleiben.

66. *Stehspiel*

Zunächst beschriftet man kleine Karten, die der Anzahl der Gruppenstärke entsprechen, mit folgenden Vorschlägen:
Steh' wie ein Zirkuspferd auf den Hinterbeinen. Steh' wie ein Besen in der Ecke. Steh' wie ein Buch im Schrank. Steh' wie eine Blume. Steh' wie eine Straßenlampe. Steh' wie ein Verkehrspolizist. Steh' wie eine Ärztin am Krankenbett. Steh' wie ein Hund aus Stoff. Steh' wie ein Kind, das einen Drachen fliegen läßt. Steh' an einem hohen Zaun und guck' hinüber. Steh' in tiefem Wasser... und ähnliches mehr.

Nun zieht jedes Kind eine Karte und erfährt seine Aufgabe. Nachdem alle an der Reihe waren, soll jedes Kind einmal wie es selbst mit seinem Namen stehen. Hier setzt die Korrektur ein. Dazu hängt man eine beschwerte Schnur in einem Türrahmen auf oder man klebt einen Streifen vertikal an die Wand, oder besser noch an einen langen Spiegel. Das Kind steht seitwärts vor dieser Linie und bietet der Gruppe sein Profil. Die Linie beginnt oben in der Mitte des Kopfes und endet unten in der Mitte des Fußes. Hilfen kann man geben, in dem man vorschlägt, das Kinn anzuheben, den Hals lang zu machen, den Brustkorb anzuheben, die Schulter locker „unten" zu lassen und die Hüften unter die Schulterlinie zu bringen. Bauch und Pobäckchen nicht zu krampfen, aber doch festzumachen, und das Körpergewicht auf beide Füße zu verteilen. Das ist eine Menge! Aber wer mit Kindern turnt, darf nicht müde werden, immer wieder auf die Haltung zu achten und, ohne monoton zu werden, ständig daran zu erinnern. Um Abwechslung in diese Hinweise zu bringen, kann man eine Haltungsformel, die für Erwachsene sehr einprägsam ist, kindgerecht formulieren: Wenn man eine gute Körperhaltung haben will, soll man zwei Stellen am Körper verlängern. Das Stück zwischen letzter Rippe und Hüftknochen und das Stück zwischen Schlüsselbein und Ohrläppchen. Wenn der Übungshelfer das an sich selbst probiert und das Resultat fühlt und sieht, dann kann er das überzeugend auch Kindern nahebringen.

67. *Gehspiel*

Wieder werden Ziehkarten angefertigt, auf denen Vorschläge stehen: Geh' wie ein Mensch mit einem schweren Koffer. Geh' wie ein Mensch mit Bauchweh. Geh' durch viele Pfützen (natürlich hindurch). Geh' barfuß auf heißem Sand. Geh' mit zu kleinen Schuhen. Geh' mit zu langen Hosen. Geh' den Berg hinauf. Geh' auf Eis. Geh' wie ein Mensch mit einem schweren Rucksack. Geh' wie ein Mensch der etwas sucht. Geh' ganz leise...und vieles mehr.
Danach geht nun jedes Kind wie es selbst. Läßt man es eine längere Strecke auf sich zuschreiten, so ist zu beachten: Zeigen die Zehen beider Füße geradeaus? Belastet das Kind auch die Außenkanten der Füße? Berühren die Innenkanten seiner Füße gleichmäßig eine gedachte oder gezogene Linie beim Schrittfall? Wenn das nicht so ist, muß Erklärung einsetzen. Sind die Abweichungen stark, dann nützt die hier vorgeschlagene Art von Turnübungen als Korrektur nicht, dann sollte das Kind orthopädisch turnen.
Die Fähigkeit frei und rhythmisch zu schreiten hängt natürlich auch von der Gemütslage des Kindes ab. Der Impuls, das Bein vorwärts in Laufrichtung zu schwingen, soll vom Hüftgelenk ausgehen, sobald der Zeh den Boden verlassen hat. Die Arme schwingen locker und maßvoll in Opposition zum Bein. Die Hände hängen locker und unbeteiligt. Das ist alles nicht so einfach, wenn man die Augen sämtlicher Mitturner auf sich und den Übungshelfer hinten am Ende der Strecke sieht. Dieses Gehspiel sollte oft gemacht werden, es wird jedesmal gelöster, nur ist es zeitlich sehr anspruchsvoll in einer einzigen Turnstunde.

68. Spiegelbild

Dieses Bewegungsspiel ist gut geeignet für Verschnaufpausen und bietet dennoch einen hohen Wert an Körpererfahrung. Damit es nicht in Faxenmachen und Fratzenschneiden abrutscht, läßt man es nur von jeweils zwei Kindern ausführen, während die anderen am Boden sitzen, Kritik üben und sich natürlich schon Möglichkeiten für sich selbst ausdenken.

Zwei Kinder stehen sich gegenüber. Ein Kind führt Bewegungen aus, die ihm einfallen: Einen Arm zur Decke strecken, den anderen einstützen, ein Knie an den Bauch ziehen, stehen und nicht wackeln, den Kopf kreisen lassen, Rumpfbeugen machen. Das soll langsam und bedächtig geschehen, damit das andere Kind, welches den Spiegel darstellt, diese Bewegungen nachahmend vollziehen kann. Es sollte still im Raum sein, damit die beiden sich konzentrieren können, aber das geschieht meistens von ganz allein, denn dieses Spiegelspiel hat eine Art von Faszination und Spannung an sich.

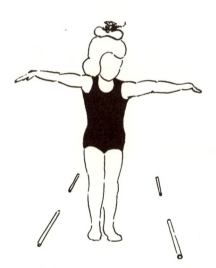

69. Bohnenbeutel auf dem Kopf

Es wird eine gerade Strecke von mindestens sechs Metern ausgesucht, entweder mit Kreidestrichen markiert oder mit liegenden Turnstöcken abgegrenzt. All diese Kleinigkeiten erhöhen die Wichtigkeit. Am Ende der Strecke liegt ein Turnreifen, ein Stück Pappe oder ähnliches. Die Kinder schreiten einzeln mit einem Bohnensäckchen auf dem Kopf diese Strecke ab. Sie breiten dabei die Arme aus und lassen die Handflächen nach unten zeigen. Am Ende der Strecke beugt sich das Kind vornüber, läßt das Beutelchen herab auf das „Ziel" rutschen und richtet sich wieder auf. Für den Rückweg nimmt es den Bohnensack, legt ihn sich selbst auf den Kopf, schreitet bis zum Ende und gibt ihn dort einem Mitturner seiner Wahl, der nun an der Reihe ist.

70. *Auf Dosen gehen*

Die Gruppe sitzt auf der Turnbank oder hockt längs der Wand. Einzeln besteigen die Kinder ihre selbstgemachten Stelzen. Als Übungshelfer steht man bei den ersten Versuchen dicht hinter dem Kind und umschließt mit den eigenen Händen die Fäuste des Übenden, um zunächst den Zug an den Schnüren, die das Kind in jeder Hand hält, deutlich zu übertragen. Fast alle Kinder haben die Tendenz, mit jedem Schritt auf den Dosen breitbeiniger zu werden. Das Empfinden für Balance durch Fußdruck auf den Büchsen und Spannung an der Schnur entwickelt sich schnell. Kleine Schritte, die parallel bleiben und mit lockeren Kniegelenken ausgeführt werden, bringen bald den gewünschten Erfolg: allein gehen können!

71. *Sandsacklaufen*

Die Anzahl der vorhandenen Sandsäckchen bestimmt die Beteiligung der Kinder. Jedes Kind bekommt zwei Sandsäcke, legt sich diese auf die Füße und hebt die Zehen ein wenig an, um sie zu halten. Nun werden die Gummibänder am Ring gefaßt, und schwer beladen wird dahergegangen. Die Schritte müssen wohl ausgewogen und besonnen gemacht werden.

Da die Elastizität der Gummibänder die Kinder zu ungewohnten Armbewegungen anregt, kann man das Gefühl für individuelle Improvisation noch erhöhen, in dem man jedes Kind seine Wege im Raum selbst bestimmen läßt.

72. Sandsäcke „vierbeinig"

Die Kinder gehen einzeln mit zwei Sandsäcken eine gemeinsam bestimmte Strecke entlang. Sie halten die Ringe in den Händen und schwingen jeden Sandsack einzeln vor sich her in Laufrichtung. Es entstehen vier Tapfen: Sack rechts, Sack links, Fuß rechts, Fuß links. Ein bestimmter schwerfälliger, animalischer Rhythmus entsteht, welcher gut mit dem Tamburin untermalt werden kann.

73. Auf dem Ball stehen

Der Medizinball liegt am Boden. Vier Kinder setzen sich um ihn herum und stützen ihn gleichzeitig mit ihren Füßen ab. Jeweils ein Kind aus der Gruppe steigt, vom Übungshelfer an beiden Händen oder an einer Hand gehalten, auf den Ball. Es übt freihändig zu stehen, sich um die eigene Achse zu drehen und hopst dann vom Ball. Die Haltekinder werden ausgewechselt und der Ballsteher ebenfalls.

74. Auf dem Ball gehen

Wer gelernt hat, auf dem Medizinball zu stehen, kann versuchen, darauf zu gehen. Der Übungshelfer greift dem Kind unter die Achseln, hält es, aber ermutigt ständig, sein Gewicht auf den Ball zu übertragen. Nun wird der Ball mit winzigen Schritten in rollende Bewegung gesetzt. Der Ball rollt fort, wenn das Kind zu schwer in den Händen des Übungshelfers hängt.

75. Slalom

Keulen oder Flaschen werden mit Zwischenräumen von einem bis zwei Metern in einer Reihe aufgestellt. Die Kinder gehen einzeln in Schlangenlinien um die Keulen bis zum Ende der Reihe. Dabei haben sie Bohnensäckchen mit seitwärts gestreckten Armen auf den Handflächen zu tragen (auf dem Handrücken ist es schwieriger).
Genauso wird der Weg zurückgelegt, wo ein Kind mit ausgebreiteten Armen auf die Bohnensäckchen wartet.
Variation: Die Gruppe wird in Hälften geteilt und wartet so zu beiden Enden der Keulenstrecke, auf der das Bohnenbeutelchen hin- und hergetragen wird.

76. *Zwillinge*

Je zwei Kinder sitzen Rücken an Rücken am Boden. Die Füße sind leicht breit gestellt, die Fersen so dicht am Po wie möglich. Nun verschränken die Kinder rückwärts ihre Arme, so daß sich die Ellbogenbeugen berühren. Gemeinsam stehen sie auf, in dem sie Rücken an Rücken drücken und sich aufwärtspressen. Das geschieht langsam und voller Spannung. Gewicht und Größe der kleinen Partner sollte übereinstimmen, möglichst auch das Temperament!

77. *Steg über'n Bach*

Natürlich ist ein schöner Schwebebalken das beste zum Balancieren. Einige der folgenden Vorschläge können jedoch auch auf einer ausgelegten Schnur oder einem aufgemalten Balken ausgeführt werden. Die Kinder gehen sehr gewissenhaft darauf und entwickeln Phantasie, wenn man ihnen sagt, daß überall Wasser ist. Die Gruppe sitzt am Ufer. Es wird einzeln über den Balken gegangen. Der Übungshelfer reicht dabei eine Hand und geht an der Seite entlang mit. Die Gruppe kann die Schritte zählen, kleine Schritte ergeben eine große Zahl, große Schritte ergeben eine kleine Zahl!
Variationen: Die Möglichkeiten sind vielfältig und werden oft von den Kindern allein entwickelt. Einige gelten als Anregung: 1. Dem hinübergehenden Kind wird von einem anderen Mitturner ein Turnstab hingehalten. Es hält ihn beim

Schreiten vor sich mit beiden Händen. 2. Es kann seitwärts hinübergegangen werden, entweder mit kleinen Nachziehschritten oder mit Übersetzschritten. 3. Es kann rückwärts gegangen werden. 4. Oder jedes Kind hält auf seiner freien Hand seitlich mit ausgestrecktem Arm einen Ball. 5. Wer gut balancieren gelernt hat, kann es mit zwei Bällen auf den Handflächen probieren. 6. Als weitere Variation kann ein Kind in der Mitte der Balancierstrecke mit einem Turnreifen stehen, durch den das schreitende Kind steigt. 7. Man kann auch zu beiden Enden des Balkens Hocker aufstellen. Dann wird vom Hocker auf den Balken gestiegen, hinübergegangen, dort auf den Hocker gestiegen, umgedreht, herabgestiegen, zurückgegangen. 8. Als Hilfen beim einfachen Hinüberschreiten haben sich auch zwei Turnstäbe in den Händen bewährt, die dann spazierstockartig aufgestützt werden. 9. Das gleiche geht sehr gut mit Keulen in den Händen, deren Aufstützen am Boden eine vornübergebeugte Haltung erfordert, die eine willkommene Abwechslung bietet.

78. *Zeh in's Wasser*

Die Kinder schreiten einzeln über den Schwebebalken, als wäre er ein Steg über Wasser. Jedesmal, wenn der Fuß sich löst, um zum neuen Schritt vorzuschwingen, beugt sich ein wenig das Standbein. Dadurch schwingt der Fuß tiefer neben dem Balken her und der Zeh „tunkt ins Wasser". Diese Übung ist rhythmisch sehr reizvoll zu untermalen und bereitet allen Vergnügen. Oft lockt sie eingeschworene Nichtbalancierer auf den Balken!

Raumergreifende Turnspiele ohne Geräte

79. *Flugzeuge*

Jeweils drei Kinder breiten gestreckte Arme aus und laufen im Raum umher, legen sich in die Kurven, laufen auf den Zehen und wieder auf flachen Füßen, bis ein Kind sagt: Landung! Dann stoppen die drei Flieger, gehen in die Knie und mit Hilfe der Hände (einige können es auch ohne) bäuchlings zu Boden. Der Ausrufer sagt: Abflug! Sie erheben sich, drehen wieder einige Runden und kehren auf ihren Platz zurück. Drei neue Flugzeuge starten.

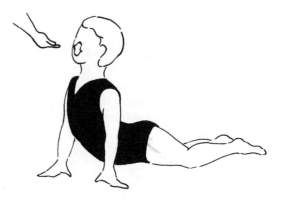

80. *Seehunde*

Ein Kind ist der Wärter, es hat einen Eimer oder das Tamburin. Die Gruppe liegt bäuchlings auf dem Boden verstreut. Zunächst haben alle das Gesicht am Boden und sind „untergetaucht". Dann erheben sich die Köpfe, die Arme stützen den Oberkörper ab, der sich aufrichtet. Nun schauen alle Seehunde über die rechte Schulter und dann über die linke Schulter nach dem Wärter. Sie robben hierhin und dorthin. Dann kommt der Wärter und verteilt Fische aus dem Tamburin, die die Seehunde durch Aufrecken des Rückens gut schnappen. Danach: untertauchen, Gesicht zu Boden, Rücken ausruhen! Ein neuer Wärter kommt an die Reihe.
Variation: Der Übungshelfer hat einen Turnstab, stellt sich breitbeinig über jeden Seehund. Nun wird der Turnstab von dem Kind ergriffen, und es läßt sich mit gebeugtem Rücken sanft und federnd aufwärts ziehen. Dabei sind Ellbogen- und Schultergelenke locker und unverkrampft. Kopf beugt sich nackenwärts, der Blick geht zum Übungshelfer, und der Mund ist geschlossen!

81. *Steine durch den Bach*

Bis auf ein Kind kauern sich alle in dichter Reihe am Boden nieder. Die Rücken sind rund, die Fersen sind am Po, die Nase ist an den Knien. Nun steigt das erste Kind vorsichtig Schritt für Schritt auf jedem „Stein" über die Rücken. Entweder hält der Übungshelfer es an der Hand oder man reicht ihm einen Turnstab, den es mit beiden Händen greift. Am Ende angelangt, kauert es sich nieder und wird zum nächsten Stein. Am anderen Ende erhebt sich das Kind und steigt nun hinüber. Hierbei bietet sich eine kleine Unterhaltung über Gewichtsunterschiede an. Es kann geraten werden, wer gerade hinübersteigt.

82. *Tunnel*

Es wird eine Reihe gebildet, die einen Tunnel formt, in dem sich alle Kinder mit hochgewölbten Rücken auf Hände und Füße stellen. Das Kind am Ende krabbelt unten hindurch und reiht sich vorn an, indem es die Vierfüßerstellung einnimmt. Das nächste kommt an die Reihe und so fort.

83. *Bockige Esel*

Die Gruppe wird in Hälften geteilt. Eine Hälfte steht an der Wand und ruft die Esel. Die andere Hälfte geht auf Händen und Knien widerstrebend auf die Rufer zu. Dabei stoßen sie einmal dieses und einmal jenes Bein kräftig und bockig rückwärts aus. Dabei können sie auch mit dem Kopf schütteln und die dazu passenden Töne ausstoßen!

84. *Vogelnest*

Bis zu acht Kinder gehen jeweils in einem Kreis in die Hocke. Sie hocken dicht beieinander, wie Vögel im Nest. Ein Vogel erhebt sich und „fliegt" mit schönen lockeren Armbewegungen drei Runden um das Nest. Die Nesthocker zählen

43

laut und lernen dabei den Begriff einer vollendeten Runde, denn die Zahl wird erst dann gerufen, wenn der Vogel an seiner Lücke vorbeikommt. Er hockt sich danach wieder nieder und der nächste Vogel schwirrt ab.
(In-der-Hocke-sitzen stärkt Bein- und Rückenmuskeln.)

85. *Igel und Hund*

Ein Kind ist der Hund und läuft auf Händen und Füßen. Die anderen sind die Igel, sie kriechen recht klein auf Unterarmen und Knien. Der Hund ist zunächst weit fort und die Igel krabbeln umher und suchen etwas im Gras. Dann kommt der Hund und stupst reihum jeden Igel kräftig mit der Nase an, worauf alle Igel sich so rund und kugelig wie möglich machen. Sie können kauern, Nase aufs Knie, oder sich auch seitwärts liegend einrollen. Dann ist ein anderes Kind der Hund.

86. *Bäumchen*

Alle Kinder gehen im großen Kreis in die Hocke. Jeder sucht sich einen Baumnamen für sich selbst aus. Hände sind am Boden, die Köpfe sind gesenkt. Die Bäume wachsen, jedoch ganz, ganz langsam. Sie entwickeln sich! Kraft geht zunächst nur in die Füße, dann strecken sich die Beine, der Bauch wird festgemacht, der Oberkörper hebt sich, der Hals reckt sich – nun kommen die Arme ganz langsam, sie strecken sich zu Zweigen und recken sich hoch empor. Alle gehen auf die Zehenspitzen und recken auch die Finger hinauf.
Mit phantasievoll gesprochener Unterstützung sind auch die Jüngsten durchaus bereit, diese Übung im Zeitlupentempo durchzuführen. Abwärts geht es oben anfangend, die Hände erschlaffen, Arme knicken ein, Köpfe senken sich, Oberkörper beugt sich, die Knie knicken ein, die Kinder hocken wieder. Das Bäumchen kann noch einmal wachsen.

87. *Fuchs und Hasen*

In einer Ecke wird mit Matten oder Decken ein Hasenbau angedeutet. Ein Kind ist der Fuchs. Es geht möglichst weit fort. Alle anderen sind Hasen, sie hocken in lockerem Zirkel und essen Gras. Der Fuchs schleicht langsam und leise – auf den Unterarmen und den Knien mit langgezogenem Rücken – geschmeidig um die Gruppe. Er kommt immer näher, wird entdeckt und alle Hasen HÜPFEN in der Hocke schnell zum Bau. Keiner wird gefressen! (Rennen ist Schummeln.)

88. *Eisenbahn*

Ein Kind ist der Schaffner, es bekommt Stab, Keule oder Tamburin. Alle anderen sitzen in einer Reihe hintereinander am Boden. Sie stützen sich rückwärtig auf ihre Unterarme und flach liegenden Hände. Die Beine werden an die Bäuche gezogen und beschreiben dann einzeln Kreise in der Luft: Über oben gestreckt nach vorn, über unten wieder ran an den Bauch. Flott und kräftig, damit der Zug ein Tempo kriegt. Es darf geschnauft und getutet werden. Der Schaffner sagt (möglichst nicht vor zwanzig Beinkreisen), wann der Zug angekommen ist. Dann bestimmt er ein neues Kind für seinen Job und setzt sich an dessen Platz für die nächste Fahrt.
Variation: Die Beinkreise rückwärts machen lassen: Über unten nach vorn, anheben, über oben gebeugt an den Bauch bringen. Danach können alle ihre Beine spreizen und sich rückwärts zu Boden legen und die Lok ausschnaufen lassen.

89. *Klapperschlange*

Zunächst stellen sich alle Kinder in einer Reihe auf und geben sich die Hände. Da es sehr wichtig ist, daß die Hände nicht wieder losgelassen werden, kann der Übungshelfer spielen, er streiche allen ein wenig Leim auf die Handflächen. Wenn das Rechts- und Linksgefühl noch nicht verinnerlicht ist, so sollten alle Kinder farbige Gummibändchen um die Fußgelenke tragen. Nun geht die ganze Reihe angefaßt etwas in die Hocke und beugt sich dabei leicht vornüber. Jedes Kind hebt sein rechtes Bein, bringt es über die gefaßten Hände und Arme hinüber und stellt es am Boden ab. Jetzt laufen alle gefaßten Arme zwischen den Kinderbeinen unten durch.

An einem Ende ist der Schlangenkopf, dorthin wenden sich nun alle. Am anderen Ende ist der Schlangenschwanz. Dieses Kind hat eine Hand frei und bekommt das Tamburin. Damit klappert es und die Schlange kann sich mit behutsamen Tritten in Bewegung setzen. Sie lebt von guter Koordinationsfähigkeit, Gefühl für Balance und Gruppenvertrauen. Außerdem sieht sie urkomisch aus und bringt ein abgerutschtes Stimmungsbarometer im Nu auf heiter. Wenn die Heiterkeit zu groß ist, zerreißt sie allerdings gleich wieder.

Raumergreifende Turnspiele mit Geräten

90. *Froschteich*

Reifen oder Kreidezirkel sind große Blätter auf dem Teich. Jedes Kind hockt auf einem als Frosch – nur eines ist der Storch. Es legt beide Arme gestreckt aneinander mit spitzen Händen und hebt sie an, um einen langen Schnabel darzustellen. Nun geht es etwas vorgebeugt im Teich herum und zieht bei jedem Schritt die Knie hoch. Klappt nun der Storch einmal laut mit den Schnabelhänden, so hüpfen alle Frösche mit großem Schreck von ihren Blättern und tauchen. (Legen sich flach auf den Boden, verbergen das Gesicht.) Der Storch steigt fort, die Frösche hüpfen wieder auf die Blätter und ein anderes Kind geht in die Mitte als Storch.

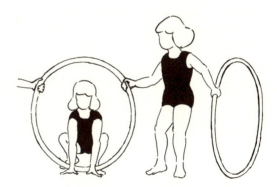

91. *Maus im Käse*

Die Gruppe bildet einen Kreis, in dem alle Kinder Reifen zwischen sich halten und zwar in geringem Abstand vom Boden. Ein Kind ist in der Mitte als Maus auf allen vieren. Es hüpft reihum durch alle Reifen, setzt zunächst die Arme hindurch und springt mit den Beinen nach. Immer durch den einen Reifen hinaus aus dem Kreis und durch den anderen wieder hinein „durch das Loch in den großen Käse". Hat es die Runde gemacht, bestimmt es ein anderes Mausekind, nimmt seinen Platz ein und ergreift rechts und links die Reifen.

92. Sonnenblumen

Jedes Kind hockt in einem Reifen, greift ihn breit mit gestreckten Armen. Nun wachsen die Sonnenblumen, die Kinder erheben sich, bringen den Reifen mit aufwärts, heben ihn über den Kopf, ziehen sich auf die Zehenspitzen, drehen sich einmal um die eigene Achse, senken die Arme mit den Reifen und gehen wieder langsam in die Hocke.

93. Hund am Baum

Die Gruppe wird in Hälften geteilt. Eine Hälfte bekommt Turnstäbe, mit denen sich die Kinder, wo sie gerade wollen, aufstellen. Der Stab wird senkrecht gehalten auf den Boden gestützt. Das sind die Bäume. Die andere Hälfte geht auf Knien und Händen am Boden hin und her. Sie sind die Hunde. An jedem Baum wird das Beinchen gehoben: Oberschenkel waagerecht bringen, Unterschenkel angewinkelt! Es sollten möglichst abwechselnd beide Beine benutzt werden.

94. Durchsteigen

Jedes Kind hält einen Turnreifen vor sich am Boden aufgestützt. Es steigt mit dem einen Fuß über den Reifenrand und tritt mit dem anderen nach. Nun liegt der Reifen hinter den Fersen. Er wird hinter dem Körper aufwärts und oben über den Kopf hinübergehoben, hinuntergebracht, bis der Reifenrand wieder vor den Fußspitzen liegt. Die Kinder müssen dabei ihre Handgriffe wechseln, um sich nicht zu verrenken! Das geschieht automatisch ganz von selbst.
Variation: Der Reifenrand liegt hinter den Fersen, die Kinder treten rückwärtig hindurch und bringen den Reifen vor sich am Körper empor und rückwärts über den Kopf zu Boden.

95. *Schritte und Sprünge*

Alle Reifen werden in einer Reihe auf den Boden gelegt. Die Abstände zwischen den Reifen entsprechen der Fähigkeit, sie im Schlußsprung zu bewältigen. Jedes Kind hüpft mit beiden Füßen gleichzeitig in den ersten Reifen. Dort macht es einige Schritte bis zum Reifenrand, stellt die Füße parallel und hüpft aus dem ersten Reifen über den Zwischenraum hinüber in den zweiten. Dort geht es wieder bis zum Rand und hüpft in den nächsten Reifen.

96. *Busfahren*

Die Gruppe steht frontal ausgerichtet. Vor ihr steht ein Kind als Verkehrsschutzmann. Alle anderen haben Turnreifen und halten sie wie Steuerräder von großen Bussen vor sich mit gestreckten Armen. Alle „fahren" mit Motorengeräusch los. Jetzt zeigt der Verkehrsschutzmann nach links, alle beugen sich seitwärts und legen sich in die Kurve. Dann wird wieder mit waagrechten Armen vorwärtsgebraust und auf die Rechtskurve gewartet. Die Füße bleiben am Boden, es geht nur um die Seitbiegung, die dadurch wiederholt wird, daß man das Kind vorn auswechselt.

97. *Tauziehen durch den Raum*

Zwei Gruppen werden, kräftemäßig gerecht verteilt, einander gegenüber am Seil aufgereiht. Das Seil wird von allen Kindern mit beiden Händen ergriffen, es läuft in Hüfthöhe an ihren Körpern entlang. Beide Gruppen ziehen nun daran nach besten Kräften. Zieht eine Gruppe die andere vom Platz fort in ihre Richtung, so wird das Tamburin gerasselt, gelingt es der fortgezogenen Gruppe wieder zurückzugehen und die anderen mitzuziehen, so wird das Tamburin geklopft.

98. *Tauziehen im Sitzen*

Die Kinder nehmen dicht hintereinander breitbeinig am Boden Platz und bilden dabei zwei sich gegenübersitzende Reihen. Sie greifen die Seilhälften mit beiden Händen zu ihren Körperseiten und ziehen kräftig, bis eine Gruppe weit vorgebeugt sitzen muß, während sich die andere zurücklehnt und umgekehrt.

99. *Über das Seil und darunter durch*

Zwei Kinder halten das Seil schön straff 25 cm über den Boden in der Mitte des Raums. Jeweils drei Kinder aus der Gruppe nehmen Anlauf, springen über das

Seil, laufen bis zum Ende des Raums, wenden und warten dort. Die Seilhalter heben das Seil etwas höher und die drei treten den Rückweg an. Diesmal wird nicht gesprungen, sondern darunter durchgekrabbelt.

100. *Hops — zwei–drei–ZU*

Ein Seil wird schnurgerade im Raum ausgelegt. Die Kinder treten einzeln an das Seilende heran. Sie springen seitwärts parallel mit beiden Füßen zugleich über das Seil. Dann kommt ein Schritt, noch ein Schritt, und der vierte Schritt geht NICHT vorwärts, sondern nur neben den anderen Fuß, damit die Füße zum Springen über das Seil wieder eine parallele Ausgangsstellung haben. Über das Seil seitwärts: Hops. Erster Schritt: zwei. Zweiter Schritt: drei. Vierter Schritt: ZU! Rhythmisch geklopft ist es ein starker Klopfer, zwei schwache Klopfer und ein starker Klopfer und Pause!

101. *S auf Spitzen*

Die Kinder legen selbst aus einem langen Seil den Buchstaben S. Nun gehen alle in großzügigen Abständen an dem Seil entlang auf Zehenspitzen. Sie breiten die Arme dabei waagrecht zu den Seiten aus und versuchen den ganzen Weg durchzuhalten, erst auf der einen Seite entlang, um das Ende herum, auf der anderen Seite zurück. Sie sollen dabei keine zu langen Marschierschritte machen, das ist geschummelt.

102. *Rundlauf*

Alle Reifen werden in einem Zirkel dicht aneinander auf den Boden gelegt. Nun laufen die Kinder mit einzeln gesetzten Füßen (kein Hüpfen) im Kreis darüber hinweg. Dazu wird Musik gespielt oder Tamburin geschlagen. Das Tempo steigert sich — dann wird gestoppt! Schnell laufen alle Kinder aus den Reifen zur Mitte des Zirkels und bilden nach innen guckend einen dichten Kreis. Sie legen sich gegenseitig die Arme auf die Schultern, senken die Köpfe und — pssssst — sind ganz still und verschnaufen sich. Alle warten auf die Musik, sie beginnt, und der Rundlauf geht weiter.
Dieser Vorschlag eignet sich gut für Zustände von gestörtem Gruppengefühl.

103. *Balkenhüpfen vorwärts*

Einzeln treten die Kinder an das Ende des Schwebebalkens. Sie beugen sich vor und stützen beide Hände auf. Die Füße stehen nebeneinander zur Seite des Balkens. Nun greifen die Hände ein Stück vor und die Füße hüpfen über den Balken auf die andere Seite. Weiter so bis zum Ende.

104. *Balkenhüpfen am Platz*

An jeder Balkenhälfte stützt sich ein Kind mit beiden Händen auf. Die Köpfe sind erhoben, die Kinder schauen sich an und machen untereinander aus, ob sie beide zur gleichen Seite hüpfen oder einer hüben und einer drüben sein soll. Die Hände bleiben beim Hin- und Herhüpfen am Platz.
Die Füße sind geschlossen, springen gleichzeitig vom Boden ab, über den Balken hinüber, dort landen sie und springen gleich wieder ab.

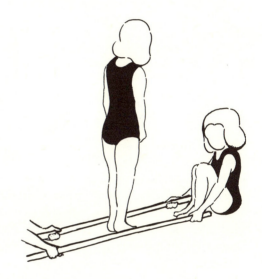

105. *Stabsprünge*

Es sind jeweils drei Kinder beteiligt. Zwei knien mit dem Po auf den Fersen ausgestreckter Füße. Sie halten mit beiden Händen zwei Turnstäbe parallel in geringem Abstand vom Boden. Zwischen den Stäben steht das dritte Kind. Es springt über die Stäbe in die Grätsche und wieder zurück in die Ausgangsstellung.
Variation: Das dritte Kind steht außen frontal vor den Stäben. Es springt mit beiden Füßen geschlossen zwischen die Stäbe und auf der anderen Seite hinaus. Dort dreht es sich um und springt zurück, über den ersten und über den zweiten Stab.

106. *Rudern*

Es werden Matten im Raum verteilt. Auf jeder Matte nimmt ein Kind mit zwei Turnstäben Platz und rudert über das weite Meer. Obwohl kein Widerstand besteht, legen sich die meisten Kinder kräftig in die „Ruder", wenn man sie ermutigt auch den Oberkörper vor- und zurückzubeugen.
Variation: Krokodile können auf dem Boden zwischen den Matten entlangrobben. Austauschen.

107. *Matrosen*

Je zwei Kinder klettern an der Sprossenwand empor, suchen mit einem Fuß und einer Hand sicheren Halt und guten Griff. Dann ziehen sie sich von der Sprossenwand ab und strecken das freie Bein breit und gestreckt in die Luft. Die freie Hand wird über die Augen gelegt, damit der Matrose über das Meer schauen kann. Dann wird umgedreht, das andere Bein abgestreckt und in die andere Richtung geschaut.

108. *Hängen und Heben*

Je zwei Kinder klettern an der Sprossenwand hoch, greifen mit beiden Händen an einer Sprosse halt und lassen mit dem Rücken zur Wand den Körper hängen. Nun werden beide Beine angehoben und gesenkt. Um diese langweilige Übung interessanter zu machen, kann der Übungshelfer oder ein Mitturner einen Turnreifen für einen Augenblick über die gestreckten Beine hängen und wieder abnehmen.
Variation: Man hängt den Kindern einen Gummiring über die Zehen, sie heben die Beine, senken sie, und der Gummiring plumpst ab.

109. *Über den liegenden Turm*

Der Turnturm wird niedergelegt. Die Turnbank wird an sein eines offenes Ende geschoben. Ein Kind nach dem anderen geht über die Bank, steigt auf den liegenden Turm und geht, an einer Hand festgehalten, vorsichtig von Sprosse zu Sprosse hinüber. Am Ende springt es ab – dort liegt vorsorglich eine Matte.
Variation: Man bietet dem hinüberkletternden Kind einen Turnstab, den es mit beiden Händen greift.
Es kann auch auf allen vieren hinübergeklettert werden.

110. *Durch den liegenden Turm*

Der Turnturm liegt am Boden. Die Kinder „hangeln" sich einzeln an den Sprossen nach Faultierart mit Händen und Füßen hindurch bis zum Ende. Sie werden stets mit den Füßen zuerst hineingreifen. Man kann anregen, den gleichen Weg noch einmal hindurchzuhangeln, indem Kopf und Hände führen.

111. *Fliegen*

Vor dem stehenden Turnturm werden an einer Seite Matten ausgelegt. An der anderen Seite steht die Turnbank. Die Kinder gehen einzeln über die Bank, klettern am Turm empor und setzen sich oben auf das Auflagebrett. Von dort wird abgesprungen. Zunächst wollen fast alle an einer Hand gehalten werden. Einige Kinder wollen nicht springen. („Es kitzelt zu doll im Bauch!") Manchmal hilft es, die gesamte Gruppe zu bitten, sich mit dem Gesicht zur Wand zu drehen und nicht zu gucken, wenn das zögernde Kind zum erstenmal springt. Einbeziehen kann man ängstliche Kinder zunächst auch, indem man sie beim Springen der anderen das Tamburin schlagen läßt. Beim Obenhocken und beim Heruntersausen wird gerasselt und beim Aufsprung kräftig zugeschlagen. Wenn sie das mehrere Male auf diese Art mitvollzogen haben, dann melden sie von selbst an, daß sie springen wollen. Nach einiger Übungszeit springen alle mit großem Vergnügen und erfinden phantasievolle Spiele dazu. Z.B. ist ein Kind der Förster und beobachtet den Turnturm als großen Baum, von dem seltsame Vögel abfliegen. Sie geben sich die Vogelnamen selbst, wie Buntmeise und Feueradler und Bösspecht!
Achtung: Der Turnturm darf erst bestiegen werden, wenn die Aufprallmatte frei ist!!!

112. Die Abenteuerstraße

Viel Raum und alle zur Verfügung stehenden Geräte werden benötigt. Nach gewisser Anregungszeit durch den Übungshelfer, sollte die Abenteuerstraße von den Kindern selbst entworfen und aufgebaut werden.
Wichtig ist der Einsatz eines „Schrankenwärters", damit es nicht zu Aufläufen und Stauungen kommt. Sie nehmen nicht nur Spaß und Tempo, sie sind auch gefährlich! Der Schrankenwärter hat einen Turnstab und regelt damit das Loslaufen der einzelnen Kinder, indem er den Stab hebt und senkt und dabei Klingelgeräusche von sich gibt. Zum Start eignet sich gut das Auflagebrett des Turnturms. Darauf steht der Beginner. Er läuft los und führt nacheinander alle Übungen durch, die die Abenteuerstraße zu bieten hat. Zunächst kann er Purzelbäume auf zwei ausgelegten Matten machen, dann hopst er auf einem Bein in einen Turnreifen und wieder hinaus. Dann geht er über den Schwebebalken, macht auf zwei weiteren Matten Purzelbäume, dann hangelt er durch den liegenden Turm, hopst mit breitbeinigen Sprüngen über drei aufgestellte Keulen, geht auf Zehenspitzen in fünf liegenden Gummiringen bis zu der letzten Matte, wo er zum Abschluß einen Kopfstand an der Wand macht. Die Möglichkeiten sind vielfältig und das Vergnügen ist immer groß. Die Abenteuerstraße wird am liebsten bis zur Erschöpfung durchgeübt, was nicht ratsam ist, denn dann sind alle zu kaputt zum Aufräumen!

Rhythmisches Vergnügen

113. *Klangholz und Tamburin*

Kreis im Schneidersitz am Boden. Jedes Kind hat ein Klangholz und ein Kind bekommt das Tamburin dazu. Es klopft mit seinem Holz darauf: Eins-zwei-drei-vier und alle zählen laut mit. Bei sechs und sieben wird nicht geklopft, sondern das Tamburin dem Nachbarn zur Seite weitergegeben. Dann geht es wieder los: Eins-zwei-drei-vier geklopft, fünf-sechs Weitergabe.

114. *Balken und Klanghölzer*

Soviel Kinder wie längs des Balkens Platz finden, sitzen dort auf Unterschenkeln und Fersen. Jedes hat zwei Klanghölzchen. Nun klopfen alle dreimal mit dem Holz in der rechten Hand auf den Balken, dann dreimal mit dem Holz in der linken Hand, und danach kommen sechs Klopfer mit beiden Hölzern.

115. *Klopfen im Kreis*

Sitzkreis auf Unterschenkeln und Fersen. Alle Kinder haben zwei Hölzchen. Es werden vier mal vier Klopfer ausgeführt. Die ersten vier gehen neben den Knien auf den Boden, die zweiten vier vor dem Körper, indem Hölzchen an Hölzchen geschlagen wird. Dann folgen wieder vier Klopfer am Boden und die vierten vier Klopfer werden hinter dem Rücken ausgeführt, indem wieder Holz an Holz geschlagen wird.

116. *Hölzchen klopfen — Schritte machen 1*

Die Kindergruppe stellt einen Kreis in Laufrichtung auf. Jedes Kind hat zwei Klanghölzer. Nun werden vier Klopfer in gebeugter Haltung beim Vorwärtsgehen auf den Boden gegeben, dann kommen vier Klopfer in aufrechter Haltung aneinander vor dem Bauch und vier Klopfer über dem Kopf beim Zehenspitzengang.

117. *Hölzchen klopfen — Schritte machen* 2

Laufkreis mit je zwei Hölzern pro Kind. Die Kinder marschieren munter los, nehmen große Schritte, klopfen die Hölzchen vor dem Bauch aneinander und zählen bis zehn. Dann drehen sich alle zur Mitte. Sie gehen in die Hocke und klopfen einzeln abwechselnd rechts–links–rechts–links zehn mal auf den Boden. Wieder zur Laufrichtung drehen und zehn Schritte mit zehn Klopfern machen.

118. *Hölzchen klopfen — Schritte machen* 3

Die Gruppe wird in zwei Hälften geteilt und stellt sich in zwei Reihen voreinander auf. Der Abstand sollte acht Kinderschritte betragen. Nun geht die eine Reihe vorwärts, klopft und zählt bis drei. Bleibt stehen und hält die Hölzchen mit gestreckten Armen vor sich. Jetzt macht die andere Reihe drei Schritte vorwärts und klopft dabei. Nun stehen beide Reihen sich dicht gegenüber, so daß die Kinder der ersten Reihe den Kindern der zweiten Reihe mit ihren Hölzchen auf die Hölzchen klopfen. Das ist längst nicht so kompliziert, wie es sich anhört!
Variationen: Sie sind so zahlreich und vielfältig in ihren Möglichkeiten, daß Kinder und Übungshelfer untereinander ausmachen müssen, wessen Ideen zuerst probiert werden.

119. *Klatschen mit den Händen*

Rhythmische Klatschfolgen, sitzend, im Stand, oder beim Schreiten, machen großen Spaß und lockern, wenn sie nicht verkrampft und mechanisch ausgeführt werden, alle beteiligten Gelenke. Laut mitzählen ist anregend und bringt Schwung. Die Gruppe bildet einen großen Kreis und geht in die Hocke. Drei Klatscher vor dem Körper in der Hocke, dann wird aufgerichtet und es folgen drei Klatscher über dem Kopf. Nun wird das rechte Knie angehoben und darunter ein Klatscher gemacht. Es folgt einer unter dem linken Bein und ein Klatscher hinter dem Rücken. Die drei letzten Klatscher sind langsam – die anderen schnell: eins–zwei–drei ——— eins–zwei–drei
　　　　　　eins ——— zwei ——— drei.
Variationen sind zahllos und vielfältig und sollten von den Kindern nach einiger Anregung selbst erfunden werden.

120. *Rasseln*

Die aus Kronenkorken gefertigten Rasseln eignen sich gut für Auflockerungsspiele nach Übungen, die Konzentration erfordern. Unstrukturiertes Umherspringen bringt Erleichterung und der Krach hat Ventilfunktion. Rhythmisch unterstützt, von der gesamten Gruppe als Organismus ausgeführt, bekommt das Rasselnschütteln allen gut.

Zielen — Werfen — Fangen

121. *Beutel hin — Beutel her*

Jeweils zwei Kinder stellen sich im Abstand von zwei bis drei Metern voreinander auf und werfen ein Bohnensäckchen zwischen sich hin und her. Die Hände mit dem Beutel ruhen vor den Hüften und senden den Beutel in sanfter Kurve aufwärts, so daß er in die bereiten offenen Hände des Fängers fällt.
Variation: Kommt oft von allein, wenn es mit einer Hand probiert wird. Die andere Hand versteckt sich auf dem Rücken. Da man in das Bohnensäckchen hineingreifen kann, geht das einhändig oft schon ganz gut.

122. *Bohnen in der Luft*

Die Kinder werfen das Bohnensäckchen steil über sich in die Höhe und fangen es selbst auf. An die Decke schmeißen gilt nicht. Nach zehn guten Würfen, die gefangen worden sind, kommt ein hoher Wurf, nach dem das Bohnensäckchen auf den Kopf plumpsen soll.

123. *Bohnen in den Topf*

Eine Hälfte der Gruppe stellt Töpfe dar. Sie sitzen im schönen Schneidersitz am Boden und formen mit den Armen einen Kreis, der über den geöffneten Knien schwebt. Die andere Hälfte der Gruppe steht im Abstand von drei Metern, zielt und wirft das Bohnensäckchen in den Armkreis – in den Topf. Schnell setzen diese Kinder sich dann zu Boden, machen den Armkreis und erwarten den Wurf der anderen Gruppe. Sie sind jetzt die Töpfe.

124. *Mit den Füßen werfen*

Die Hälfte der Gruppe liegt mit dem Rücken auf dem Boden und hält – die Knie angezogen am Bauch – ein Bohnensäckchen zwischen den Fußsohlen. Die andere Hälfte der Kinder steht hinter den Köpfen der Liegenden im Abstand von einem Meter. Die Beutelchen werden mit einem Ruck zu den Stehenden geworfen, sie fangen es und geben zurück. Wiederholen bis der Austausch angebracht erscheint.

Variation: Die Fänger stehen am Fußende. Nach vorn zu werfen ist schwieriger, gelingt nach einigem Üben auch. Die Bauchmuskeln sind hier stark beteiligt.

125. *Bohnen und Keulen*

Die Kinder sitzen sich in zwei Reihen auf den Unterschenkeln gegenüber. In der Mitte von zwei Kindern steht jeweils eine Keule (oder Flasche). Eine Reihe hat Bohnenbeutel. Sie werden beim ersten Wurf über die Flasche geschickt und drüben gefangen. Der zweite Wurf geht genauso zurück. Der dritte Wurf gilt der Flasche, sie wird umgeworfen. Die Reihe, die den dritten Wurf gemacht hat, bleibt sitzen, die anderen springen flink auf, holen sich das Beutelchen, stellen die Keule wieder auf und beginnen mit dem ersten Wurf — hinüber. Wer es im Stand macht, schummelt, denn das Niederhocken und Aufspringen gehört zur Übung.

126. *Armringe*

Als Vorübung für das Werfen und Fangen mit Gummiringen gilt dieses Spiel, in dem die Kinder Gewicht und Form der Gummiringe körperlich erfahren.
Die Gruppe bildet einen Stehkreis. In der Mitte steht ein Kind mit erhobenen gestreckten Armen. Auf jeder Schulter liegt ein Gummiring. Es ruft sich ein Kind aus dem Kreis, das tritt zu ihm in die Mitte, hebt auch seine Arme und beide reichen sich oben die Hände. Nun senken beide die Arme, die Gummiringe fallen herab, mit ein wenig Schütteln gehen sie auf die Hände des gerufenen Kindes über, welches nun wieder die Arme hebt und allein im Kreis stehen bleibt und das nächste Kind ruft. Durchüben, bis alle dran waren.

127. *Ring im Ring*

Die Kinder sitzen sich im Abstand von fünf Metern in zwei Reihen auf den Unterschenkeln gegenüber. Zwischen jeweils zwei Kindern liegt ein Turnreifen. Eine Reihe hat Gummiringe. Sie zielen und werfen den Gummiring flach fliegend so, daß er in dem Reifen landet. Die andere Gruppe springt auf, läuft zum Reifen und steckt den Fuß in den Gummiring, nimmt ihn damit auf und hüpft auf einem Fuß an seinen Platz zurück. Dort werden die Ringe vom Fuß genommen, die Kinder hocken sich auf ihre Unterschenkel und sind mit dem Wurf dran.

128. *Ringe angeln*

Es sind jeweils drei Kinder beteiligt. Zwei knien sich gegenüber, Po auf den Fersen, Abstand von einander: drei Meter. Sie haben einen Gummiring und kullern diesen zwischen sich hin und her. Das dritte Kind hat einen Turnstab und hockt so in der Mitte zwischen den beiden, daß es den rollenden Gummiring mit seinem Turnstab angeln und „aufspießen" kann. Die Rollen austauschen, wenn es angebracht erscheint.

129. *Ringe werfen und fangen*

Zunächst läßt sich das im Sitzen mit gespreizten Beinen am besten üben. Der aufrecht fliegende Gummiring wird mit beiden Händen geworfen und gefangen. Der flach fliegende Ring mit einer Hand. Zunächst ist das Handgelenk einwärts gedreht, der Ring ruht vor der Brust. Handgelenk flippt nach außen, der Ring fliegt. Geschleudert werden darf er nicht, die Dinger sind hart und tun beim Aufprall ziemlich weh.

130. *Bälle kullern 1*

Zwei Kinder sitzen sich mit gespreizten Beinen gegenüber und kullern einen möglichst großen, schweren Ball zwischen sich hin und her. Variationen sind so vielfältig, daß die Kinder von allein darauf kommen.
Anregungsvorschläge: Händeklatschen, während der Ball rollt, Beine flink schließen und öffnen oder auch Beine geschlossen lassen und den Ball sanft mit den Füßen anstoßen.

131. *Bälle kullern 2*

Zwischen zwei Kindern, die mit gespreizten Beinen am Boden sitzen und einen schweren Ball kullern, steht ein Kind breitbeinig und läßt den Ball dazwischen durchrollen. Es können auch mehrere sein.
Variation: Das Kind, welches dieses „Mitteltor" bildet, steht hochgereckt auf allen vieren.

132. *Bälle kullern 3*

Jeweils zwei Kinder stehen sich im Abstand von vier Metern gegenüber und kullern einen großen, schweren Ball hin und her. Jedes mal, wenn der Ball auf den Weg geschickt worden ist, dreht sich das Kind einmal flink um die eigene Achse.

133. *Fußball*

Die Hälfte der Kinder liegt auf dem Rücken am Boden und hat hinter dem Kopf einen großen schweren Ball liegen. Nun werden die Beine gestreckt erhoben, über den Körper gebracht, bis die Zehen am Ball sind. Anstoß mit den Füßen folgt, der Ball rollt zu der anderen Gruppenhälfte, die ihn stehend, vornübergebeugt in Empfang nimmt. Sie legen sich nieder, bringen den Ball an den Kopf, heben die Beine und stoßen. Die anderen erheben sich und fangen die Bälle.

134. *Bälle tupfen*

Jedes Kind bekommt einen mittelgroßen Ball und tupft ihn mit der flachen Hand auf den Boden, so daß er steil wieder aufspringt. Es steht möglichst locker, die Füße ein wenig auseinander, die Knie leicht gebeugt. Jede Steifheit überträgt sich auf die Ballbewegung, die Dosierung des Handdrucks muß oft geübt werden. Wenn die rechte Hand den Ball tupft, so sollte die linke Hand erhoben und bereit sein, den Ball mit aufzufangen, wenn er aus der Bahn gerät. Der Blick bleibt beim Ball. Das Zählen hilft rhythmisch zu denken und harmonisiert den Ablauf der Bewegung.

135. *Bälle aufwärts werfen*

Jedes Kind hat einen mittelgroßen Ball und steht mit lockeren Kniegelenken, leicht auseinandergestellten Füßen. Der Ball liegt in den Handflächen, vor den Hüften. Man zeigt den Kindern mit einem senkrecht gestellten Turnstab, daß der Ball nicht über den eigenen Kopf geworfen werden soll, sondern die Aufwärtsrichtung behält, die er jetzt in den Händen anzeigt. Jedes Kind wirft den Ball so hoch wie die eigene doppelte Körperlänge ist. Also: „Nochmal so groß wie Du!" Sparsame Kraftanwendung ist auch zu erklären. Und die Hände sollen bleiben wo sie sind, nicht dem Ball entgegengreifen, sondern auf sein Fallen warten. Dann gelingt es auch.

136. *Ball an die Wand*

Die Kinder stehen so weit von der Wand ab, wie ihre eigene Körperlänge mißt. Sie stehen gerade, mit lockeren Kniegelenken und halten einen mittelgroßen Ball in zueinandergekehrten Handflächen vor ihrem Bauch. Ein Kreidekreis oder ein Hinweis mit dem Turnstab zeigt die Stelle, die der Ball berühren soll. Die günstigste Stelle ist dort, wo das Kind mit ausgestreckten Armen gerade noch mit den Fingerspitzen hinlangen könnte. Nun werden die Bälle an die Wand geworfen. (Weder geknallt noch gefeuert!) Die Hände senden den Ball empor und kehren schnell vor den Bauch zurück, bereit für den Rückfall. Zum Gespräch über die Schwierigkeit des Fangens kann man sagen, daß es nichts nützt, den Ball so toll zu werfen, als wollte man ein Loch in die Wand machen. Es hilft, wenn man vorschlägt, die Kinder sollten so tun, als wäre der Ball mit Farbe bestrichen und er sollte nur einen feinen runden Fleck an der Wand machen, mehr nicht.

137. *Ball von mir zu dir*

Ein guter Abstand zum Üben ist die Körperlänge beider Kinder. Zwei stehen also voreinander. Zunächst kann man sie „Luftball" spielen lassen. Handflächen sind zueinandergekehrt, die Arme heben und senken sich vor dem Körper, sie gehen nicht höher, als bis zu dem Winkel, den sie hätten, wenn beide Kinder sich an den Händen hielten. Dann bekommen sie einen mittelgroßen Ball und üben Werfen und Fangen.

138. *Ball unten durch*

Die Gruppe steht frontal ausgerichtet hintereinander in dichter Reihe. Alle nehmen Grätschstellung ein, die gerade breit genug ist, um einen großen, schweren Ball hindurchzurollen. Das erste Kind hat den Ball, es bückt sich und schiebt ihn zwischen den eigenen Beinen hindurch mit einem kräftigen Schups durch die ganze Beinreihe. Hier und da bleibt er gewöhnlich hängen und wird weiterbefördert. Das letzte Kind erwartet den Ball, nimmt ihn auf und trägt ihn außen an der Reihe vorbei bis an die Spitze. Dort stellt es sich nun auf und rollt den Ball wieder unten hindurch.

139. *Ball oben 'rüber*

Die Gruppe steht frontal ausgerichtet breitbeinig mit erhobenen Armen in dichter Reihe. Das erste Kind hat einen mittelgroßen, nicht zu schweren Ball. Es reicht ihn mit leichter Rückbeugung über seinen Kopf zum hinter ihm stehenden Kind. Das gibt ihn weiter und so fort, bis der Ball vom letzten Kind ergriffen wird, welches damit außen an der Reihe entlangläuft und sich an die Spitze stellt, um den Ball wieder rückwärts zu reichen.

140. *Ball über die Bank*

Wer keine Turnbank hat, kann zwei Kreidestriche parallel auf den Boden malen, oder eine entsprechende Strecke mit Turnstäben markieren.

An jedem Ende der Turnbank (oder 3-Meterstrecke) steht ein Kind. Der Medizinball oder ein anderer großer, schwerer Ball wird zwischen den beiden hin- und hergerollt. Einmal hin, langsam gekullert — wieder zurück. Beim dritten Anstoß tauschen die Kinder die Plätze. Der Ball rollt los und beide laufen flink an den Seiten entlang und nehmen den Platz des anderen ein. So nimmt das Kind, welches den letzten Anstoß gab, den Ball wieder in Empfang. Es rollt ein viertes Mal und beide bleiben am Platz.

Dann geht es von vorn los, beim dritten Mal wird gerannt. Das ganze kann mit dem Tamburin unterstützt werden: Beim Ballrollen wird geklopft und beim Ballrollen plus Laufen wird gerasselt. Augenmaß und Schubkraft werden geschult, außerdem ist es lustig. Der Rest der Gruppe sitzt an den Seiten, jeder kommt dran.

141. *Ballmusik*

Jedes Kind hat einen mittelgroßen Ball. Sie halten ihn in beiden Händen mit hochgestreckten Armen über dem Kopf und formen einen Kreis in gemeinsamer Laufrichtung. Nun gehen sie auf Zehenspitzen zur Musik oder zum Tamburinklopfen. Dann verstummt der Rhythmus, alle senken die Arme und tupfen den Ball mit beiden Händen vor sich einmal auf den Boden, fangen ihn, bringen ihn wieder hoch über den Kopf. Dann geht die Musik und der Zehenspitzengang weiter bis zur nächsten Unterbrechung.

142. *Ball am Bauch*

Zum Abschluß von Werfen und Fangen kann man eine spaßige Übung vorschlagen, bei der der Ball noch einmal richtig körperlich erfühlt wird. Je zwei Kinder stellen sich mit seitwärts gestreckten Armen voreinander auf und ergreifen sich bei den Händen. Zwischen beide Bäuche gibt man einen mittelgroßen Ball, der nun nicht mehr herunterfallen darf, während die Kinder sich drehen, seitwärts gehen oder Vorwärtsschritte in Richtung des einen oder anderen machen. Hände bleiben fest angefaßt.

Gesamtkörperübungen

143. *Purzelbaum vorwärts*

Purzelbäume heißen in der erwachsenen Turnersprache Rolle. Sie sind auch bei kleinen Kindern sehr beliebt und eine Wohltat für die Wirbelsäule. Man kann sie zunächst einzeln auf Matten üben lassen. Das Kind steht aufrecht mit geschlossenen Füßen vor der Matte. Es beugt sich vornüber, das Kinn kommt auf die Brust, der Kopf setzt mit dem Scheitel auf der Matte auf, die Hände setzen auf, der Rücken wird rund, nun stoßen die Füße ab und hinüber geht es. Erst nach einigem Üben gelingt es, nach der Rolle auch gleich wieder aufzustehen. Wer die Fersen nach dem Rüberrollen der Beine dicht an den Po zieht, die Nase den Knien folgen läßt und während des ganzen Purzelbaums den Rücken rund läßt, der kann auch bald aufstehen, ohne daß die Rollbewegung unterbrochen wird, indem man flach auf dem Rücken liegen bleibt.

144. *Purzelbaum rückwärts*

Das Kind steht mit geschlossenen Füßen dicht am Rand mit dem Rücken zur Matte. Es hebt aufgestellte Hände mit angewinkelten Armen bis Brusthöhe. Nun geht es in die Hocke, rundet den Rücken, läßt sich nach einer kleinen schwungholenden Vorbeugung auf den Po fallen, stößt mit den Füßen ab und rollt ganz eng über den Rücken hinüber bis zum letzten Nackenwirbel. Die Knie bleiben an der Nase und die Zehen finden den Boden.

145. *Purzelbaum hin und her*

Jedes Kind bekommt eine Matte für sich. Es beginnt mit einem Purzelbaum vorwärts, geht in den Stand und schließt gleich einen Rückwärtspurzelbaum an. Das geht dann hin und her mit Schwung und Musik, bis die nächsten an der Reihe sind.

146. *Purzelbäume hintereinander*

Mehrere Matten werden aneinander in einer Reihe ausgelegt. Die Kinder stehen an und werden vom Schrankenwärter reguliert. Nun nehmen sie einen kleinen Anlauf und machen so viele enggerollte Purzelbäume hintereinander, wie auf die Matten passen.

147. *Purzelbäume mit Absprung*

Mehrere Matten liegen vor der Turnbank in dichter Reihe. Die Kinder steigen auf die Turnbank, laufen hinüber, springen ab auf die erste Matte und rollen Purzelbäume in beliebiger Zahl.

148. *Bauchrutschbahn und Purzelbaum*

Mehrere Matten liegen in dichter Reihe vor der Turnbank. Die Kinder ziehen sich auf dem Bauch über die Bank, indem sie mit den Händen vorgreifen und den Körper nachziehen. Am Ende der Bank bringen sie die Hände auf die Matte, stoßen mit den Füßen ab und machen die erste Rolle und noch einige hinterher.

149. *Doppelpurzel*

Die Kinder stellen sich größen- und gewichtsmäßig abgestimmt paarweise vor einer Mattenstrecke auf. Das erste Paar geht auf die erste Matte. Ein Kind legt sich auf den Rücken, mit den Füßen in Aktionsrichtung. Das zweite Kind stellt sich breitbeinig über den Kopf des liegenden Kindes, welches mit beiden Händen fest um die Fußgelenke des stehenden Partners greift. Nun hebt das liegende Kind seine Beine an, damit das stehende Kind mit seinen Händen fest um die Fußgelenke greifen kann. Nun beugt das stehende Kind sich vor, das liegende senkt langsam die Beine. Der kleine Obermann bringt nun mit rund werdendem Rücken seinen Kopf zwischen die Beine des Untermannes, setzt ihn am Boden auf und zieht den Untermann nach. Der hebt seinen Oberkörper an, folgt der beginnenden Rollbewegung, und der erste Purzelbaum ist da. Nun liegt der Obermann, hat die Fersen dicht am Po, und der Untermann ist kurz im gebeugten Stand. Nach einiger Übung geht das ganz flott, macht sehr viel Spaß und fördert gemeinsames Koordinationsgefühl.

150. *Kopfstand an der Wand*

Matten liegen an der Wand. Die Kinder setzen den Kopf so weit von der Wand ab auf die Matte, daß noch einmal die Kopfbreite dazwischen Platz hätte. Die Hände werden so aufgesetzt, daß sie mit dem Kopf in drei Punkten ein Dreieck bilden. Man erklärt ihnen, daß sie später keinen freien Kopfstand machen können, wenn sie die Hände in einer Linie mit dem Kopf aufsetzen. Nun stoßen sie mit den Füßen ab und bringen die Beine hinauf, gestreckt an die Wand. Hier bietet sich ein Gespräch darüber an, warum wohl das Gesicht rot wird, wenn ein Mensch auf dem Kopf steht.
Variation: Beim Kopfstand die Beine spreizen und wieder schließen. Einen Turnstab auf die flach gestellten Füße legen. Im sicheren Kopfstand die Hände lösen und klatschen.

151. *Purzelbaum und Kopfstand*

Zwei Matten werden voreinander an die Wand gelegt. Es wird ein Purzelbaum in Richtung Wand gemacht und ein Kopfstand schließt an.

152. *Handstand an der Wand* (ohne Matte)

In jeder Gruppe sind einige, die ihn schon können. Das ermutigt die anderen meistens. Seltsamerweise reißen Kinder vor dem Handstand oft die Arme an die Oh-

ren und heben ein Bein, als gelte es, die Wand einzutreten. Ein Handstand braucht keinen Anlauf, im Gegenteil! Die beste Stelle für das Aufsetzen der Hände ist eine Unterarmlänge mit gestreckten Händen zur Wand. Dorthin zielen die Hände, sie gehen mit einer sanften Gleitbewegung über den Boden hin vorwärts und setzen dort in natürlicher Schulterbreite auf. Die Arme sind stark durchgestreckt, denn gleich kommt das ganze Körpergewicht auf sie zu. Ein Fuß steht leicht vor dem anderen, der rückwärtige löst zuerst ab, der zweite Fuß stemmt ab und beide Beine kommen aufwärts an die Wand. Kopf wird nun etwas angehoben, Kreuz leicht durchgebogen. Fein.
Variation: Beine grätschen und schließen. Knie beugen und strecken. Und was passiert, wenn man wie beim Kopfstand in die Hände klatscht?

153. *Vom Kopfstand zum Handstand*

Die Kinder machen einen Kopfstand an der Wand auf Matten und versuchen, sich in den Handstand emporzudrücken. Mit gut entwickelter Armmuskulatur geht das sehr gut. Zunächst kann der Übungshelfer dabei an den Beinen aufwärts ziehen, bis der kritische Punkt überwunden ist.

154. *Handstand an der Wand verkehrt* (ohne Matte)

Die Kinder stellen sich auf Hände und Füße mit dem Po an der Wand. Nun steigen sie rückwärtig mit den Füßen an der Wand empor, bis die Beine gestreckt sind. Das ist kein schöner Handstand, kräftigt aber Arme, Beine und den Rücken und erheitert das Gemüt!

155. *Kerze*

Die Kinder liegen mit dem Rücken auf Matten und ziehen die Beine gebeugt an den Rumpf. Dann bringen sie Po und Becken aufwärts, indem sie sich mit den Händen im Kreuz abstützen. Dabei zeigen die Fingerspitzen zur Rückenmitte und die Daumen spreizen ab zur Taille. Ellbogen und Oberarme liegen fest auf der Matte. Nun strecken sich langsam die Beine empor, bis die Fußspitzen zur Decke zeigen. Die Hände greifen nach, um immer mehr Körpergewicht emporzustemmen. Der Übungshelfer geht von einem Kind zum anderen und zieht es an den Fußgelenken so weit aufwärts, daß das Hauptgewicht auf die Schulterblätter kommt. Das ist dann eine ganz gerade Kerze, die nach einiger Übung und Balance von allein gehalten werden kann. Ausharren in dieser Stellung wird mit einem Wirbel auf dem Tamburin betont. Dann wird der Körper langsam rund gemacht, die Beine werden wieder gebeugt und angezogen, das Kreuz berührt den Boden, der Po liegt auf und die Beine senken sich gestreckt.

156. *Tischbrücke*

Alle setzen sich zu Boden und stützen die Hände hinter dem Rücken auf. Die Knie werden angezogen, Fersen nur soweit heran, daß noch einmal eine Fußlänge bis zum Po frei bleibt. Nun heben alle den Rumpf, bis Bauch, Brust und Oberschenkel einen geraden Tisch bilden.
Variation: Ein Bein heben und senken. Oder auch in dieser Stellung ein paar Schritte laufen.

157. *Richtige Brücke*

Alle Kinder legen sich mit dem Rücken auf den Boden. Beine werden angezogen, bis Abstand zwischen Po und Fersen eine eigene Fußlänge mißt. Die Arme werden mit aufgestellten Händen gehoben, über den Kopf hinüber gebracht und so aufgesetzt, daß die Fingerspitzen zum Körper zeigen. Nun wird der Rumpf mit durchgebogenem Kreuz angehoben, bis eine Brücke entsteht, die nur von Händen und Füßen gehalten wird.
Variation: Geübte Kinder können ein Bein anheben, ausstrecken und senken.

158. *Brücke von oben*

Hierbei hilft der Übungshelfer jedem einzelnen Kind. Das Kind steht breitbeinig dicht vor ihm, er faßt es mit beiden Händen fest um die Körpermitte und stellt aus Balancegründen einen Fuß leicht vor zwischen die Füße des Kindes. Der kleine Brückenbauer hebt nun die Arme, biegt den Rücken, neigt den Kopf in den Nacken und sucht mit Blick und Fingerspitzen schon den Boden, auf den er sich rückwärts zubeugt. Die Hände werden aufgesetzt, der Übungshelfer testet, ob das Kind sein Körpergewicht allein tragen kann und läßt es los. Beim Aufstehen greift man wieder um die Taille und zieht sanft das sich aufrichtende Kind wieder in den Stand empor.

159. *Radschlagen*

Radschlagen ist eine echte Imitationsübung und jeder Übungshelfer kann sich freuen, ein radschlagendes Kind in der Gruppe zu haben, denn dann geht alles wie von selbst.

Ein Kreidestrich oder ein Turnstab auf dem Boden hilft zunächst, die Seitwärtsrichtung einzubehalten. Ein ganz gerader Rücken ist Voraussetzung für ein gut angesetztes Rad. Die Arme sind erhoben, sie gehen durch Seitwärtsbiegung des Körpers zu Boden, dort setzt die erste Hand im Abstand einer eigenen Unterarmlänge vom Fuß des Standbeins auf. Zugleich erhebt sich das andere Bein. Dann setzt die zweite Hand in natürlicher Schulterbreite am Boden neben der ersten Hand auf. Nun sollte auch das zweite Bein in die Luft kommen. Es folgt ein ganz kurzer breitbeiniger Handstand mit möglichst gestreckten Beinen und Füßen. Und schon neigt sich das erste Bein wieder zu Boden, es setzt mit dem Fuß auf, die zuerst gesetzte Hand löst ab und das Aufrichten des Körpers folgt. Schon steht das Kind. Anfänger schlagen zunächst Dutzende von Rädern mit schrecklich krummen Knien. Das sollten sie ruhig tun. Die Streckung kommt ganz von allein mit der wachsenden Sicherheit.

160. *Handstand und Überschlag*

Die Kinder machen einzeln auf Matten einen Handstand dicht neben dem griffbereiten Übungshelfer. Man erinnert das Kind, im Handstand sich recht lang zu halten, den Kopf anzuheben, als wollte es die Beine sehen, die dort herüberkommen. Nun kreuzt der Übungshelfer seine Arme, faßt mit der unteren Hand stützend in das Kreuz des Kindes und legt die obere leicht auf dessen Brust. Das Kind senkt die Beine, um in die Brücke zu kommen, es setzt die Füße auf und bekommt vom Übungshelfer im Kreuz den nötigen Aufwärtsdruck für seinen Oberkörper. Schon steht es.

Vorführen

Wenn eine Kindergruppe monatelang geturnt und geübt hat, will sie sich auch einmal produzieren. Kinder wollen sich verkleiden, sich ein wenig verzaubern und dafür auch einmal beklatscht werden. Es genügt nicht, nur zu erzählen: „Heute haben wir so...gemacht" und „Guck' mal was ich kann!" Sie wollen einmal gemeinsam unter Beweis stellen, was sie können und was sie sich buchstäblich im Schweiße ihres kleinen Gesichts erarbeitet haben.

Darum sollte auch einmal eine Aufführung stattfinden. Die gemeinsame Planung macht bereits großen Spaß. Das Thema Zirkus eignet sich vorzüglich und kann in der Gestaltung weitgehend den Kindern überlassen werden, da sie als Zuschauer Erfahrungen gesammelt haben und diese selbst in Aktion umsetzen können. Ob dann auch wirklich alles klappen wird, ist ziemlich gleichgültig. Das Klima der Improvisation beherrscht das Ereignis, spannungsgeladene Atmosphäre mit dem Anspruch auf Perfektion entfällt und das Programm bleibt flexibel. Dann haben alle Vergnügen.

Vierzehn Nummern mit einer Dauer von je drei Minuten bieten ein Konzept mit dem sich arbeiten läßt. Wenn die Nummern in bunter Folge geplant worden sind, kann man Tafeln malen, die die einzelnen Darbietungen benennen. Wer diese Tafeln bei der Aufführung herumtragen soll, wird durch gemeinsame Abstimmung ermittelt.

Dann muß zunächst eine Kassette bespielt werden, die musikalisch auf den Ablauf abgestimmt ist. An erwachsenen Hilfskräften sind vier Personen notwendig. Der Übungshelfer muß aus naheliegenden Gründen den Zirkusdirektor mimen. Ein Tontechniker am Kasettenrecorder ist unerläßlich, und vier flinke Hände werden im Umkleideraum gebraucht.

Die Verteilung der Rollen hängt nicht so sehr vom Erlernten und Zeigbaren ab. Wichtig ist, daß jedes Kind etwas Schönes zu tun bekommt und zufrieden mit seiner Aufgabe ist. Es sollte auch überlegt werden, ob ein Kind, welches eifrig und vergnügt in der Turnstunde mitmacht, publikumsfest ist oder ob die Möglichkeit besteht, daß es einen Blick auf die Zuschauer wirft und sagt: „Da geh' ich nicht raus!"

Um Eifersüchteleien vorzubeugen, können alle mitentscheiden, wer sich für begehrte Einzelnummern am besten eignet. Kinder sind da oft erstaunlich einsichtig und wissen, wann sie überfordert sind und was ein anderer besser kann.

Nummer Eins — Kleine Artisten

Diese Truppe setzt sich aus den Kleinen und Jüngeren der Gruppe zusammen. Ein klangvoller Name, der die Anzahl beinhaltet, muß erfunden werden.
Der Einmarsch geht mit Klanghölzern in einfachem Klopfrhythmus vor sich. Die Reihenfolge der gezeigten Lieblingsübungen sollte gut eingeübt sein, damit es keine nachdenklich gespannten Gesichter gibt. Das Tempo ist am besten flott und zügig. Purzelbäume mit Anlauf schließen ab.

Kostüme: Knallig buntes Unterzeug oder eingefärbte T-Shirts und Höschen.

Musik: Etwas bombastisches. Veredelte (unmilitärische)Marschmusik. Volles Orchester mit Blasinstrumenten – Um–ta–ta–Musik.

Nummer Zwei — Elefanten mit Assistentin

Diese Tiernummer wird am besten von langgliedrigen Kindern und einem leichten Mädchen ausgeführt. Alle Elefanten fassen mit der einen Hand ihre Nase an und stecken die andere Hand durch die Armbeuge, bis der Arm gerade ist. Das ist der Rüssel.

Zirkusnummer Zwei: Elefanten beim Einmarsch

Die Kinder dürfen die Nase nur leicht fassen. Einige kneifen so stark zu, daß sie kaum atmen können und eine knallrote Nase bekommen.
Die Elefanten gehen nun schwer, träge und bedächtig (üben!), schön vornübergebeugt, einer nach dem anderen in die Arena. Sie gehen einmal im Kreis. Dann heben sie das rechte Bein und einmal das linke (zwei haben sie nur!). Nun kommt die kleine Assistentin dazu. Jetzt stellen sich jeweils zwei Elefanten gegenüber und greifen sich mit ihren Rüsseln. Die Assistentin nimmt bei jedem Paar einmal Platz und schaukelt kurz auf den Rüsseln. Dann legt sich die Kleine auf den Rücken und jeder Elefant kommt einzeln vor und stellt einmal – oh Graus – einen Fuß auf ihren Bauch. Die Elefanten stellen sich in dichter Reihe auf, gehen in die Knie, kauern sich nieder, stützen sich mit Rüsseln vorn auf. Nun gibt der Zirkusdirektor der Assistentin eine Hand und sie geht über die Elefantenrücken. Beim Abmarsch ist es, wie jeder weiß, Tradition, daß jeder Elefant mit dem Rüssel den Vordermann beim Schwanze packt. Den letzten Schwanz hält das kleine Mädchen, es winkt, und alle gehen ab. Wenn das keinen Applaus bringt!

Kostüme: Turnzeug oder Unterwäsche. Dazu macht man aus buntem Kreppapier Ohren. Das Papier wird oval geschnitten, die Größe bestimmen die Kinder. An einem Ende näht man einen umgekippten Saum und zieht Wäschegummi durch zwei Ohren hindurch. Er wird zu einem Kreis geknotet, der der Kopfgröße der Kinder entspricht.
Wird er wie eine Kappe auf den Kopf gezogen, so hängen die Ohren zu beiden Seiten des Gesichts. Schwanzquasten werden aus Kreppapierstreifen hergestellt, die mit einem dicken Wollfaden oder einer Kordel verknotet an einem zweiten Gummiband befestigt werden, das wie ein Höschen bis zur Taille gestreift wird. Daran hängt der Schwanz, dessen Puschel bis zur Kniekehle baumelt. Die Assistentin hat ein glitzerndes Rüschenröckchen aus Kleiderresten oder Faschingsstoff an. Ein buntes Kopfband mit kleinen Federn oder einer Brosche kommt dazu.

Musik: Einen schweren Tango oder andere klotzige Musik, die schwere Tritte suggeriert. Ein Ländler geht auch.

Nummer Drei — Seehunde

Hier können Kinder eingesetzt werden, die Schwierigkeiten mit komplizierteren Übungen haben. Sie eignen sich gut für die Jüngeren, die unter Umständen auch mal den Faden verlieren. Auftritt durch Bauchziehen über die Turnbank oder robben auf dem Boden, unterstützt von heiserem Bellen und Schnappen nach den Kollegen. Alle Seehunde nehmen bäuchlings auf Matratzen in einer Reihe Platz. Oberkörper ist hochgereckt, Arme sind aufgestützt. Der Zirkusdirektor rollt jedem einen großen Ball zu und bekommt ihn zurückgerollt. Zwei Seehunde rutschen vor und rollen sich den Ball zu, hin und her. Die anderen rollen sich auf die Seite und klatschen mit den Flossen (mit gestreckten Armen). Eine schöne Bauchschaukel – vor und zurück – und alle klatschen auf der rechten Seite und auf der linken Seite. Dann bekommt jeder einen Fisch und sie watscheln bellend wieder hinaus.

Kostüme: Dunkles Turnzeug oder Strumpfhosen und Pullis. Dazu Handschuhe und einen schwarzen Tupfer auf die Nase.

Musik: Seemannsmelodien mit Akkordeon, Hawaiisongs oder ähnliches vom rauschenden Meer.

Nummer Vier — Seiltanz

Ein oder zwei Kinder zeigen abwechselnd auf dem Schwebebalken oder notfalls auf einem Kreidestrich oder einer Schnur, was sie an Balanceübungen gelernt haben. Die Gestaltung dieser Nummer eignet sich ausgezeichnet für die eigenen Wünsche der Kinder.

Zirkusnummer Vier: Seiltanz

Kostüm: Kurze Flitterröckchen aus Faschingsseide oder Gardinentüll. Ein glänzender Badeanzug mit einer Kreppapierrüsche oder für Jungen eine bemalte

Strumpfhose und ein T-Shirt. Natürlich ein bunter Kinderschirm dazu und auch ein kleiner Kopfputz aus Flitterkram.

Musik: Etwas Zartes, Unaufdringliches. Klavier- oder Geigensolo.

Nummer Fünf — Große Artisten

Diese Truppe setzt sich aus größeren Kindern zusammen, die nun zeigen, was ihnen Spaß macht und was auch schon etwas schwieriger ist. Einen schönen reißerischen Namen, in dem die Zahl der Teilnehmer vorkommt, müssen sie sich ausdenken und dann können sie in loser Folge ihre Doppelpurzels, Vor- und Rückwärtsrolle in flottem Tempo, Kopfstand, Handstand, Brücke, Rad usw. zusammenstellen. Hat man einen Turnturm, so kann er benutzt werden, ebenso wie eine flink aufgebaute Abenteuerstraße.

Kostüm: Buntes Unterzeug oder eingefärbte T-Shirts und Badehosen.

Musik: Volle, zügige Orchestermusik in stimmungsmachendem Stil.

Nummer Sechs — Bär

Hier kann ein etwas schüchternes Kind seine Aufgabe finden und sein kleines Ego stärken. Es braucht nichts kompliziertes vorzuführen und wird dennoch großen Anklang finden. Der Bär tritt auf, indem er auf dem großen Ball balanciert. Der Zirkusdirektor hält ihn dabei fest und gibt auch moralisch Zuversicht durch seine Nähe. In der Arena wartet ein Dreirad. Auf dieses schwingt sich der Bär und fährt einige stolze Runden. Sodann klettert er auf den Sattel, stützt sich mit den Händen aufs Lenkrad. Nun wird erst das linke Bein angehoben und dann das rechte. Mit Hilfe des Zirkusdirektors werden einmal die Hände losgelassen und der Bär steht auf dem Sattel. Abgang in forschem Tempo mit dem Rad (oder wieder auf dem Ball).

Kostüm: Eine pluderige Hose und ein dicker Pulli. Oder ein eingefärbter dicker Pyjama, möglichst im Overall-Stil. Eine Wollmütze mit runden Ohren aus Pelzresten und eine braungeschminkte Nasenspitze. Handschuhe.

Musik: Etwas brummiges, getragenes, Akkordeon oder auch Trommelrhythmen.

Zirkusnummer Sechs:
Der Bär auf dem Rad stehend

Nummer Sieben — Schlangentänzerin

Sie sollte von einem geschmeidigen Mädchen, welches sich frei bewegen kann, dargestellt werden. Um so besser, wenn sie musikalisch ist und Sinn für Humor mitbringt.
Sie kommt mit einem hohen, runden Korb heraus, stellt diesen ab und tanzt um ihn herum. Dabei kann sie niederknien, sich langlegen, wieder aufrichten und sich drehen. Weiche Armbewegungen, lockere Gelenke und geheimnisvolles Augenrollen erhöhen die Stimmung. Endlich holt sie langsam und beschwörend das Reptil hervor. Nun legt sie die Schlange um ihren Hals, auch einmal um die Taille, läßt sie auf den ausgebreiteten Armen ruhen und legt sie auch auf den Boden. Sie kann darüber hüpfen, sie am Schwanz und am Kopf aufnehmen und noch einmal darüber hüpfen. Sicher will das neugierige Publikum die Natter auch aus der Nähe sehen, also trägt sie sie einmal dicht an den Zuschauern vorbei und packt sie schließlich – Schwanz zuerst – wieder in den Korb. Dann treten beide unversehrt ab.

Kostüm: Ein mit Fransen benähter Badeanzug oder Pluderhosen aus Nachthemdstoff und ein Westchen dazu. Ein Kopfschmuck aus Samtband und Gürtelschnalle oder ähnliches, schön Kitschiges. Die Schlange wird aus Brokatresten

Zirkusnummer Sieben: Schlangentänzerin, das Reptil zeigend

oder glänzendem bunten Material angefertigt. Man näht einen Schlauch in der Länge von Handgelenk zu Handgelenk bei ausgebreiteten Armen des Kindes. Glitzernde Knopfaugen am zugespitzten Kopfende, ein Stückchen roter Stoff als winzige Zunge – fertig. Ausgestopft wird er mit Schaumstoffflocken oder gerupften Stoffresten.

Musik: Etwas Exotisches, Spannungsgeladenes. Südamerikanische Flötenmusik oder Fernöstliches mit Sithar.

Nummer Acht — Clowns

Sie gehören einfach zum Zirkus und können zur Abwechslung von den vielen Bewegungsnummern eine kleine Dialogsache bringen.
Folgender Vorschlag:

Clown Bonzo sitzt an einem Tisch und liest Zeitung. Auf dem Tisch steht eine Kaffeekanne und eine Tasse.
Clown Beppo kommt aufgeregt hereingestürzt.

Beppo:	„Ich brauche Wasser. Hast Du 'mal Wasser für mich?"
Bonzo:	„Bei mir wird nur Bohnenkaffee getrunken. Du kannst eine Tasse Kaffee haben." Schenkt ein.
Beppo:	ist sauer und murmelt etwas, nimmt den vollen Tassenkopf und geht damit raus. Erscheint gleich darauf wieder und ruft: „Ich brauche noch mehr, hier gieß ein…" Rennt wieder mit der Tasse fort.
Bonzo:	„Man kann nicht mal in Ruhe lesen… da kommt er ja schon wieder."
Beppo:	„Los, los, gib her, gieß ein, gieß ein!"
Bonzo:	gießt den Rest der Kanne in die Tasse und schimpft dabei.
Beppo:	geht und kommt abermals hereingerannt.
Beppo:	„Schnell, schnell, mehr, mehr!"
Bonzo	(schreit): „Ich hab nicht mehr, Du Knallkopf, der Kaffee ist alle, Du hast den ganzen Kaffee ausgetrunken."
Beppo	(brüllt): „Dann gib mir Wasser! Wo ist Wasser, Du Rindvieh?"
Bonzo:	„Da drüben, Du Trottel, da ist die Wasserleitung."
Beppo	füllt die Tasse an einem gedachten Wasserhahn.
Bonzo	ruft ihm nach: „Was willste denn blos damit?"
Beppo	schreit zurück: „MENSCH, MEIN BETTE BRENNT!"

Nummer Neun — Gewichtheber

Hier kommen die rundlichen, kräftig bemuskelten Kinder an die Reihe. Sie kommen mit Gewichten anmarschiert und bauen sich protzig in der Arena auf. Erst spucken sie sich deftig in die Hände, dann heben sie die Gewichte an und stemmen sie mit deutlicher Anstrengung empor.
Ungehemmter Hang zur Pantomime ist dienlich. Nun legen sie sich auf den Boden und stemmen die Gewichte mit Händen und Füßen über sich. Langsam senken sie die Dinger auf die Brust und atmen sichtbar ein und aus. Dann können sie wieder aufstehen, eine Hand einstützen und das schwere Gewicht nur mit einer Hand zaudernd über den Kopf heben und sich um die eigene Achse dabei drehen. Zum Schluß setzen sie die Gewichte auf Nacken und Schultern und gehen erschöpft von dannen.

Kostüme: Lendenschurze aus Fellresten. Oder Ringelpullover und bunte Strumpfhosen. Für die Gewichte braucht man lange Papprollen. Kurz vor der Vorstellung (!) werden für jede Rolle zwei Luftballons aufgeblasen. An einem Ballon knotet man ein Gummiband fest, dann beschwert man es mit einem Schlüsselbund und läßt es so durch die Papprolle rutschen. Der Schlüsselbund

Zirkusnummer Neun: Gewichtheber

wird abgenommen und der zweite Luftballon befestigt. Zieht man das Gummiband straff, so sitzen die Ballons fest an jedem Ende der Papprolle.

Musik: Deftige volkstümliche Weisen oder Schlager mit Texten über starke Männer.

Nummer Zehn — Gemischte Raubtiergruppe

Sie umfaßt beliebig viele große und kleine Kinder. Ein Turnturm eignet sich vorzüglich niedergelegt als Käfig für den Auftritt. Löwen und Panther kommen herausgeschlichen und nehmen widerstrebend in auf dem Boden ausgelegten Turnreifen Platz. An beiden Enden der Reifenreihe können zwei Hocker für schwarze Panther stehen. Der Zirkusdirektor ermuntert die Raubkatzen mit einem Turnstab, sich aufzurichten. Es wird viel gefaucht und gebrummt und mit den Tatzen

gehauen. Gelegentlich brechen auch kleine Machtkämpfe zwischen knurrenden Rivalen aus. Nach allerlei kleinen Kunststücken, wie auf Händen und Füßen über den Balken kriechen usw., kommt als Höhepunkt der Feuerreifen, durch den alle nacheinander springen.
Natürlich ist ein Löwe dabei, der erst gar nicht will und es dann doch tut!

Zirkusnummer Zehn: Raubtiergruppe, aus dem Käfig kommen und Platz nehmen.

Kostüme: Kreppapierstreifen in der Länge von 70 cm und der Breite von 15 cm werden längs geknifft, doppelt gelegt und zweimal gesteppt, damit ein Gummiband hindurchgezogen werden kann. Dann schneidet man zwei cm breite Fransen in das Stück. Das Gummiband wird so verknotet, daß der Fransenring schön fest um jedes Kindergesicht herumpaßt und wie eine Mähne aussieht. An einem zweiten Gummiband, das wie ein Höschen bis zur Taille aufgezogen wird, hängt ein Kordelschwanz mit einer Quaste aus Kreppapierfransen, die bis zur Kniekehle baumelt. Die Löwen tragen einfarbiges Turnzeug, die Panther tragen am besten Schwarz. Sie können dunkle Mützen oder Kappen mit Ohren aus Fellresten oder Filzstücken aufsetzen. Der Feuerreifen ist ein Turnreifen, den man mit orange–schwarz–gelben Zacken und Fetzen beklebt hat.

Musik: Exotisches, Geheimnisvolles mit Trommeln und starker Steigerung oder Sensationsmusik mit viel Fanfaren.

Nummer Elf — Kunstreiter

Die hierzu benötigten Pferde sind nicht gerade einfach in der Herstellung. Sie sind aber, abgesehen von der Zirkusvorstellung, eine herrliche Anschaffung, die nicht aufhört, Freude zu geben und zu Bewegungsspielen anzuregen. Vom Schrotthändler besorgt man sich alte Metallfässer in der Länge von 62 cm und dem Umfang von 120 cm. An der zukünftigen Unterbauchseite wird ein Loch gemeißelt, durch welches man greifen kann, um mit starken Bolzen vier stabile Holzbeine anzubringen. An jedes Bein schraubt man Rollen, wie sie für Möbelstücke benutzt werden. Ein halbwegs erkennbarer Pferdekopf aus Holz wird mit Hals vorn an der Tonne angebracht. Die Kinder können ihn mit Tusche bemalen, Fransenmähne und Ohren anbringen. Zügel, eventuell Steigbügel und vor allem ein puscheliger Schwanz vervollständigen das stolze Tonnenroß.
Auf ihm wird ein kleiner Voltigierakt eingeübt. Das Tier wird bestiegen, man kann auf ihm knien, ein Bein rückwärtig in die Luft recken, auf ihm stehen, die Arme ausbreiten, sich vorsichtig umdrehen, sich rückwärts setzen und vieles mehr, auf das die Reiter selbst am besten kommen.

Zirkusnummer Elf: Kunstreiten, frei sitzen und schwingen

Kostüme: Eingefärbte Unterhemdchen mit etwas aufgenäher Litze oder Zick-Zackstreifen. Duftige Stoffreste zu bauschigen Röckchen gerüscht, mit passenden Rüschen an den Hemdträgern eignen sich genauso, wie Cowboywestchen oder Samtjacken und Strumpfhosen.
Musik: Ausgesprochene Reitermusik, leichte Märsche, Operettenhaftes.

Nummer Zwölf — *Das Doppelpferd*

Das Doppelpferd führen am besten zwei befreundete Kinder vor, die temperamentmäßig aufeinander eingespielt sind. Wer das Vorderteil darstellt geht aufrecht, wer das Hinterteil abbekommt, faßt den Vordermann fest mit ausgestreckten Armen um die Taille, und geht vornübergebeugt. Es muß ein agiles, reaktionsschnelles Kind sein, denn es sieht fast nichts. Das Doppelpferd kommt herein, macht eine Runde, bleibt stehen, nickt mit dem Kopf, kreuzt vorn einmal die Beine, kratzt hinten mit dem Fuß, schlägt auch einmal aus und setzt sich schließlich nieder. Das sieht urkomisch aus. Dann erhebt es sich und steigt einmal über den Schwebebalken, schüttelt den Kopf, wenn es das noch einmal tun soll und marschiert nach anderen Tricks und Späßen wieder hinaus.

Zirkusnummer Zwölf: Das Doppelpferd. Über den Balken steigen

Kostüm: Ein einfarbiges, stabiles, aber nicht zu schweres Stück Stoff in Sofadeckengröße wird einmal doppelt gelegt. Je nach den Maßen der beiden Kinder wird es zurechtgeschnitten und am rückwärtigen Teil, also hinter dem gebückt gehenden Kind, zusammengenäht. Dort wird ein puscheliger Schwanz aus Wollresten gefertigt. Die andere Seite wird nur soweit zusammengenäht, daß ein Schlitz für den Vordermann bleibt, durch den er seinen Kopf stecken kann. Die Kopfkappe stellt man her, indem man aus den Stoffabfällen zwei Rundstücke schneidet, die den Kopfseiten des Kindes entsprechen. Ein ungefähr 15 cm breites Stoffstück, das lang genug ist, um von der Nase des Kindes bis über den Nakken zu reichen, muß zwischen die beiden Rundstücke genäht werden. Man schneidet dort die Augenlöcher hinein und gibt die Hoffnung auf, daß sie nicht verrutschen, denn sie tun es bestimmt. Oben befestigt man mit weichem Draht aus Stoff zwei Ohren und auch einen bunten Papierbuschel. Ein Stück gefranster Stoff wird an der Nackenstelle aufgeheftet. Beide Kinder schlüpfen unter das Deckenstück. Dann setzt man dem Vordermann seine Kaputze auf. Sehr lustig sieht es aus, wenn man noch einige bunte Kreppapierstreifen zum Schmuck an den Pferdekörper heftet.

Musik: Leichte, unaufdringliche Untermalungsmusik, Walzer oder Polka ohne Steigerung. Forsches Tempo könnte die beiden zu unbedachtem Galopp anregen, was ziemlich fatal ausgehen würde, da sie tatsächlich kaum etwas sehen können.

Nummer Dreizehn — Pferde

Hier können alle Kinder beteiligt sein. Sie halten die Arme angewinkelt, mit herabzeigenden Fingerspitzen vor der Brust und halten das Kinn an die Brust. Sie traben zunächst gemessen und versammelt mit hochgezogenen Knien herein und bilden einen Kreis. Der Zirkusdirektor gibt aus der Mitte Anweisungen mit seinem Turnstab. Die Pferde recken sich und deuten Aufsteigen und Schlagen mit den Vorderbeinen an, sie drehen sich um die eigene Achse, machen rückwärtige Schritte und springen auch über kleine aufgebaute Hindernisse. Nach besonderen Kunststücken geht eines oder das andere zum Direktor, stupst ihn an und bekommt ein Stück Zucker. Zum Abschluß gibt es einen wilden, jubelnden Galopp im Kreis ohne Rückhalte und Rücksicht auf Stil und Form.

Kostüme: Hemdchen, Höschen oder Turnzeug. Schwänze, die an Gummibändern um die Taille baumeln, kann man aus Stoffresten, die man in Streifen gerissen hat, machen. Sie werden zu je zwölf Streifen gebündelt und am Taillengummi befestigt. Ohren und Mähne sind schwieriger herzustellen. Aus mittelfestem Karton schneidet man Dreiecke in der Größe einer erwachsenen Hand. Man knifft sie einmal längs und knipst außen am kurzen Ende je ein Loch. Auf ein Gummiband, welches verknotet um das Gesicht passen soll, zieht man zwei dieser dreieckigen Pappohren auf, schiebt sie zurecht, daß sie oben auf dem Kopf wie Ohren sitzen werden und befestigt dazwischen sechs Stoffstreifen, die dann über den Nacken flattern sollen.

Musik: Zunächst getragene Reitermusik, dann jagende Rhythmen, Galopp, Mitklatschmusik – das Finale aus dem Ballett „Die Puppenfee" von Josef Bayer.

Zirkusnummer Dreizehn: Pferde im Galopp

Nummer Vierzehn — Sensationsfinale: Der Chinesische Drache

Er tritt auf und geht umher – alle Kinder sind beteiligt!!!

Kostüm: Es werden alte Bettlaken und Leintücher gesammelt und aneinandergenäht. Sie werden ausgelegt und farbig bemalt. Muster und Schlangenlinien, bizarre Gestalten und seltsame Formen werden von oben bis unten daraufgetuscht. Die Kinder können mit den Füßen in die Farben steigen und auf dem Tuch entlanggehen, Leim auftupfen und Glitzerzeug daraufstreuen, Kreppapier aufkleben und Stoffetzen aufheften. Je prächtiger und beladener, desto besser. Ein mittelgroßer, nicht zu schwerer Karton wird ebenfalls leuchtend bemalt und beklebt. Er kann mit Fellresten bestückt oder einem Körbchen gekrönt werden, in das man flatternde Kreppstreifen steckt. Zwei große Augenlöcher werden an der Frontseite hineingeschnitten, dann klebt man darunter eine große feurige Zunge. An diesem Kopfkarton wird nun das lange bunte Tuch befestigt. Es umschließt den Rand, damit der Körper des Kindes, welches ihn tragen wird, nicht zu sehen ist. Alle anderen Kinder schlüpfen unter das Tuch in langer Reihe. Jedes Kind hat eine Taschenlampe. Sie gehen etwas vornübergebeugt und halten gleiche Abstände, indem jedes Kind dem Vordermann eine Hand um die Taille legt. Das Gelingen, den chinesischen Drachen wirkungsvoll vorzuführen, hängt hauptsächlich davon ab, daß man die Kinder dazu bringt, nicht zu rangeln, zu reißen, zu toben, zu schieben und zu blödeln. Wenn sie bei den Turnspielen gelernt haben, ihren Körper zu beherrschen, ihre Kräfte dosiert einzusetzen, mit Phantasie in bestimmte Rollen zu schlüpfen und durch agieren und koordinieren bildhaft eine Stimmung herzustellen, die allen einen Spaß bereitet, dann gelingt dieses spektakuläre Finale sicherlich.

Musik: Fernöstliches mit Gongs oder auch Gruselmusik von Märchenplatten.

Erste Hilfe

Gehirnerschütterung. Wenn ein Kind nach einem Fall auf den Kopf oder einem Schlag an den Kopf nach 15 Minuten aufhört zu weinen, eine gute Gesichtsfarbe behält und sich nicht erbricht, dann ist der Verdacht auf Gehirnerschütterung nicht begründet. Auch eine schwellende Beule ist nicht ernsthaft beunruhigend. Verliert das Kind jedoch das Bewußtsein, zeigt es auffallende Blässe, taumelt es oder hat starkes Schlafbedürfnis und erbricht sich innerhalb der nächsten Stunden, dann muß es sofort zum Arzt gebracht werden.

Knochenbruch. Er ist durch große Schmerzhaftigkeit bei geringster Bewegung und schnelle Anschwellung gekennzeichnet. Schwarzbläuliche Verfärbung setzt ebenfalls ein. Nicht jeder Bruch weist eine widernatürliche Stellung des Gliedes auf. Bei Verdacht, keine Bewegung mehr, Ruhestellung und Arztbesuch.

Verrenkung. Nicht jede ungeschickte Bewegung, die Schmerzen im Gelenk verursacht, ist eine Verrenkung. Zunächst wird das Kind ruhig niedergelegt, mit dem schmerzenden Teil erhöht. Besteht starke und anhaltende Schwellung, so muß auch hier der Arzt hinzugezogen werden, denn nur er kann entscheiden, ob ein Bruch oder eine Verrenkung geschehen ist.

Nasenbluten. Wenn das Kind sitzen möchte, soll es vornübergebeugt sitzen und das Blut in einem Tuch auffangen. Möchte es liegen, so soll es seitlich liegen, mit der Nase zur Matte gerichtet. Das Kind muß beruhigt werden und darf seine Nase nicht ausblasen. Ein nasser kalter Lappen auf der Stirn oder im Nacken fördert die Gefäßschließung. Schluckweise getrunkenes Salzwasser hilft ebenfalls. Versiegt das Nasenbluten nicht nach einer Viertelstunde, muß das Kind zum Arzt gebracht werden.

Wunden. Auch kleinste Wunden sind entzündungsbedroht. Über Auswaschen und nicht Auswaschen bestehen zu jeder Zeit widersprüchliche Ansichten. Auf jeden Fall sollte man vermeiden, die Wunde mit den Fingern zu berühren und sie zum Schutz mit einem entsprechenden Pflaster versorgen. Oft kann ein Kind auch selbst angeben, was die Eltern im Falle einer Schürf- oder Schnittwunde tun und man kann sich danach richten. Also auswaschen oder nicht auswaschen!

Verstauchungen. Kühle, feuchte Umschläge lindern die Schmerzen. Auch hier ist Schwellung zu beobachten. Bei Anhalten der Symptome wie Schmerz, Schwellung, Bewegungsunfähigkeit kann nur ein Arzt entscheiden, welcher Art die Verletzung ist.

Zahnausschlag. Wenn es sich nicht um einen lockeren Babyzahn handelt, den Zahn unter striktester Hygienebeachtung wieder in das Zahnloch setzen und auf schnellstem Wege mit dem Kind zum Zahnarzt gehen.

Krämpfe. Bei Fußkrämpfen das Kind mit lockeren Gelenken barfuß einige Minuten auf kaltem Boden gehen lassen. Bei Wadenkrämpfen das Knie an die Brust bringen und das Bein an den Zehen aufwärts ziehen.

Bauchverletzungen. Fällt ein Kind einem liegenden Mitturner auf den Bauch, so sind die Schmerzen oft äußerst stark, schwinden aber nach einer Viertelstunde gewöhnlich. Es soll entspannt auf dem Rücken liegen, Arme an den Ohren und tief durchatmen. Beruhigender Zuspruch ist hier unbedingt nötig. Halten die Leibschmerzen an, so besteht Verdacht auf innere Verletzungen, die nur der Arzt sofort feststellen kann.

Zungenbisse. Sie sind leider keine Seltenheit. Mildes Salzwasser oder Kamillenaufguß lindern und reinigen. Die Ernsthaftigkeit der Verletzung ist leicht erkennbar, und sie muß bei tiefer oder großer Wunde ärztlich behandelt werden.